# PARTIR - MARCHER

# ET

# VIVRE SANS PLAFOND

## Anatomie poétique d'une

## émotionnelle randonnée

*Si l'espérance est un risque à courir,
la mienne risque bien de marcher*

*Quand il y a une volonté,
il y a un chemin*

# PARTIR

*« Partir, c'est sortir de chez soi, mais*

## C'est avant tout sortir de soi »

Dom Helder Camara (évêque catholique brésilien)

Chemin mon amour, je suis parti, puis j'ai marché ; normal : auprès de toi j'étais parti marcher. À moins que je n'aie marché que pour partir. De toutes les façons, marcher c'est partir, se détacher, s'éloigner, sans pour autant forcément vouloir s'enfuir, se sauver ; non, ce serait plutôt s'évader, se retirer. Pour changer. Personnellement, même avant de partir, je me sentais déjà un peu un autre, armé d'un désir insidieux de façon indicible, latent et presqu'irrépressible. Je voulais partir dans un temps imparti plutôt court, faute de pouvoir faire plus en raison de raisons familiales bien réelles.

J'étais donc partant pour partir pour ce que tous mes amis appellent « un périple ». Mais est-ce bien le mot exact ? Il y a dans ce mot une notion de très longue durée, mais aussi à mon sens une notion quasi mystique due en partie sans doute à cette notion même de durée. Mais je ne m'inscrivais aucunement ni dans l'une ni dans l'autre, et si mes amis le voyaient ainsi, cela ne pouvait que flatter un tantinet mon ego, mais sans plus car je ne partais pas pour un quelconque exploit physique ni dans une démarche pseudo-métaphysique. Peut-être voyaient- ils en moi un prolongement de mon ex métier de professeur d'Éducation Physique et Sportive, mais l'effort physique à consentir me semblait bien secondaire, et d'ailleurs, modestement, il était largement dans mes cordes. Non, je partais pour dire de partir, point final. D'ailleurs, ce mot « partir », je le trouve magique et j'y mettrais bien un « P » majuscule, tant il fait rêver, espérer, et se libérer de façon…majuscule. Pour le Chemin de Compostelle, il suffit de parler du Chemin, avec sa majuscule, pour savoir de quel chemin on parle ; ce simple mot, posé sur le papier avec cette majuscule d'entrée montre bien à quel point le mot « Partir » est un mot à part, particulier, particulièrement original car lorsqu'on « fait le Chemin », on sait du quel on parle : il n'y en a pas deux. Certes il y a les N° 2a, 2b, 2c etc… mais toutes les variantes ne font qu'un, et n'ont qu'un seul but, un seul et même aboutissement.

*Les chemins de Compostelle*
*Sont bien tous les mêmes :*
*On y marche pour soi-même*

Partir, marcher, c'était bien les deux jambes de mon ambition, c'est pourquoi j'ai envie de mettre aussi un M majuscule au mot Marcher ; et malgré mes contraintes familiales, c'était un marché conclu avec ma femme qui me laissait ce loisir, ce luxe, ce privilège, de Partir, tandis qu'elle aussi se retrouvait seule, mais à la maison, seule avec son handicap.

*Suivre un trajet*
*Une trajectoire*
*Vivre une histoire*
*Voilà le projet que j'ai*

Je ne lui serai jamais assez reconnaissant de cette permission qu'elle m'a accordée avec beaucoup de bienveillance alors qu'elle-même est malvoyante et a besoin de ma présence au jour le jour pour ce qui tient du quotidien, en commençant par des gestes des plus simples pour un voyant mais qui peuvent se révéler être des difficultés aboutissant à un échec qui renvoie en boomerang le malvoyant aux affres du handicap. Par exemple, le geste banal de brancher un appareil dans une prise de courant peut se transformer en prise de tête : c'est quelque chose que je dois faire assez souvent à sa place ; ou changer un sac d'aspirateur, ouvrir une boîte de conserve récalcitrante, lire le poids indiqué sur la balance de cuisine etc…

Ainsi, quand je Pars, même seul, sa présence, ou plutôt son absence, est souvent présente dans ma tête, dans mon corps, dans mon cœur.

Voici ce qu'un jour, je lui ai écrit :

*Du Quercy semi-lointain,*
*Je t'envoie des bisous*
*Comme autant de bijoux*
*Juste sortis de leur écrin.*
*Peu importe qu'ils partent à l'heure,*
*Qu'ils soient venus de Conques*
*Ou d'un endroit quelconque*
*Dans le chemin de mon cœur,*
*Pourvu qu'ils atteignent leur fin,*
*Là-haut, à Leubringhen,*
*Où j'ai laissé un blanc*
*De quelques jours presque sans fin.*
*De l'Abbatiale Sainte Foy*
*Au vieux pont Valentré,*
*De Conques et de sa foi,*
*Traînent sur les chemins*
*Mes pensées pleines de bisous*
*Qui s'envolent en chemin*
*Comme autant de messages doux.*

À vrai dire, Marcher, c'est aussi oublier, effacer, et « nouveler » son expérience du quotidien, et je me dois d'être honnête en disant que sa condition de malvoyante, seule chez elle, ne m'obsédait pas spécialement et ne m'inquiétait pas trop lorsque j'étais sur le Chemin : je sais qu'elle se débrouille globalement plutôt bien, qu'elle a quelques appareils adaptés à son handicap, qu'il y a la présence des voisins que j'avais pris soin auparavant de prévenir de mon absence momentanée.

Il y a bien sûr aussi le portable qui nous relie, et il était convenu qu'elle m'appelle tous les jours vers 18h 45, heure où l'on s'apprête souvent à manger, en particulier dans les gîtes offrant (mais c'est payant quand même !), la demi-pension (c'est presque toujours 19 heures).

Vu cette situation, je ne pouvais pas me permettre de Partir trop longtemps, bien que cette envie me titillât les papilles, les cellules d'un cerveau aux aguets, sur le qui-vive, bref dans les starting-blocks. Je suis donc Parti dans ce temps par moi imparti, pas assez long, ce qui me faisait dire à mon épouse que tant que je n'étais pas Parti, j'étais un in-Parti, petite blagounette pour dire de dédramatiser la situation. Raccourcir mon parcours, j'en avais pris mon parti mais une partie de moi était déjà Partie bien avant le Grand Départ. Une douce excitation déjà me levait, m'enlevait, me portait, m'emportait.

Le temps d'attente avant de Partir me semblait infini : trois mois ! trois longs mois à Marcher fictivement, mais dont l'effet sur moi-même était déjà bien réel ! Bien que diminuant chaque jour, ce laps de temps me semblait toujours trop long, et tant que je n'étais pas Parti, je ne le voyais pas vraiment diminuer, le Grand Départ me semblait toujours aussi lointain, mais toujours aussi envoûtant.

La veille du départ en voiture pour me rendre sur le lieu du Départ, je n'étais toujours pas Parti bien que depuis trois mois je me sentais pré-Parti, mais, mentalement parlant, je ne me sentais pas prêt à Partir : tant que je n'étais pas Parti, je n'étais qu'un Partant potentiel, un prétendant au Partir, je n'étais pas « dedans » comme on dit ; en fait, je n'étais pas « en train de », mais juste « prêt à ». Tout cet état d'esprit, c'était quand même assez bizarre et difficile à analyser, donc à expliquer. Nanard était pris entre deux feux qui brûlaient en lui, il était dans un « entre-deux » : car il n'était qu'artificiellement sur le Chemin tant convoité.

Heureusement, une autre partie de moi était déjà Partie, l'autre partie allait bientôt Partir, comme si en moi il y avait deux Moi, un Moi extérieur et un Moi bien intérieur ; un Moi ostensible et un Moi secret, un Moi à moi et un Moi pour elle.

Ainsi je partirai dans trois mois avec mes deux Moi.

### *Partir, c'est avancer*

Mon projet était donc ficelé trois mois à l'avance ; tout était étudié, programmé, réservé, entériné. Ma mémoire est ainsi faite que sur ce genre de choses, elle est au top. J'avais donc dans la tête tous les détails de chaque étape : le parcours général, le kilométrage, le niveau de difficulté (les dénivelés en particulier), les erreurs de parcours possibles, les sites intéressants à visiter ou juste à voir, les lieux où l'on peut se ravitailler (épicerie, boulangerie, point d'eau etc...), les tables de piquenique, les variantes possibles. J'avais conçu pour chaque étape une feuille avec tous ces éléments, avec en plus un plan détaillé et annoté du parcours, et les numéros de téléphone dont je pourrais avoir besoin (par ex pour confirmer quelques jours avant mon arrivée le lendemain au gîte), les numéros de téléphone en cas de besoin, le prix de la nuitée ou de la demi- pension ainsi que le montant des arrhes déjà versées ; bref j'avais confectionné mon « Miam Miam Dodo » (le guide- « bible » du Jacquet) perso.

Avec toutes ces infos, je n'avais plus qu'à me laisser guider en toute liberté à l'intérieur de mon projet, en éliminant ainsi toute crainte et un maximum de laisser-aller, la liberté totale n'existant pas. J'avais la position inverse de Brigitte Alésinas qui, elle, « ne réservait rien afin de vivre cette liberté », ceci « demandant confiance et lâcher prise ». Si je suis en accord avec cette deuxième partie, je préfère quant à moi, la liberté dont je me suis fixé à l'avance les limites les plus larges possibles et à l'intérieur desquelles j'évolue le plus tranquillement du monde, où je me garde une « marge de sécurité » suffisante pour ma plus grande sérénité.

*Chemins aérés*
*Où j'aime à errer*
*Où j'ai ma liberté*
*Où j'aime à me liberter*

Concernant le couchage dans les gîtes, si l'on arrive un peu tard et qu'il n'y a plus de places, il faut en trouver un autre dans le même village ; et s'il y en pas d'autre, aller en chercher un le plus proche en avant ou même en arrière, prenant le risque, qui plus est, d'encourir le même risque. En réservant, je me liberte de ce problème et construis ma journée sereinement, en progressant au moins sans ce souci. Ma liberté à moi, en réservant, est de me réserver la possibilité de kilométrer mon étape à l'échelle que j'ai choisie raisonnablement au préalable. C'est dans cet espace situé entre deux gîtes adoptés et réservés que, dans une confiance totale, je trouve mon confort mental. Les nuits de ces trois mois d'attente, je les passais souvent à Marcher sur le Chemin dans telle ou telle étape, et j'imaginais plein de choses, d'évènements, j'inventais les paysages dont j'avais une idée impulsée par mes recherches diverses pour la confection du projet ; j'y Cheminais comme tout Chemineau vers le but ultime, qui pour moi n'était pas Compostelle : mon point de chute était mon Compostelle à moi, je me l'étais composé ainsi.

Bien sûr, je me « préparais » physiquement (je n'aime pas, dans ce cas, dire « m'entraîner ») pour ce périple. Mais pas de préparation mentale puisqu' elle était naturelle, étant la base du projet.

Pour cela, j'ai fait attention d'utiliser plusieurs paramètres, parfois et même le plus souvent combinés :

1/ Partir très tôt le matin, avant même le lever du soleil, parfois avant même qu'il ne fasse jour. J'avais remarqué qu'il y a un décalage d'environ une heure entre le moment où il commence à faire jour et le lever du soleil ; idem d'ailleurs pour le coucher du soleil et le moment où il fait nuit.

2/ Marcher avec ou sans sac à dos, celui que j'allais utiliser bien sûr comme compagnon de route, pardon, de Chemin, et le charger ou non de pommes de terre ou de bûches de bois, avec une charge plus ou moins grande, de cinq à dix kilos selon mes humeurs du moment. Quand je partais sans le sac, libre comme l'air, soit c'était pour Marcher vite, soit au contraire dans l'esprit de flâner, vagabonder, déambuler, de m'enivrer d'apesanteur.

3/ Parfois, je faisais un plus long parcours de dix à quinze kilomètres et avec des vitesses volontairement différentes : lentement ou moyennement vite pendant toute la rando, parfois avec des vitesses différentes pendant la même rando ; une même montée, une fois je la faisais vite, une autre fois lentement ; parfois, dans la même montée, je progressais à des vitesses différentes : lentement puis au pas de charge ou inversement.

*Le chemin tourne et monte*
*Descend retourne et remonte*
*Mais j'ai l'impression moi*
*D'aller tout droit*

Sur le dernier mois de préparation, je prenais une autre option : celle d'utiliser l'allure que je comptais prendre sur le Chemin, et pendant ces randonnées, je me mettais à l'esprit que j'y étais, prenant telle colline de mon coin de bout d'Artois pour un causse lotois, une belle petite fermette en moellons bien de chez nous pour une vieille bâtisse d'anciens viticulteurs cadurciens... Le milieu de mon parcours caressait en effet, entre autres, la région de Conques, Figeac, Rocamadour, Cahors.

Parfois mon pas allait naturellement trop vite et dérogeait à ma résolution ; c'était agréable de sentir que j'étais bien en forme, et que de Marcher vite devenait très naturel ; il fallait alors que je m'efforce de ralentir.

*Nanard, va pas si vite*
*Ralentis, enfin !*
*Sinon la fin*
*Arrive trop vite*

C'est que j'avais dans l'idée de Marcher plutôt lentement, mon copain Jean dirait ; « en déambulade ». J'adore ce terme et c'est vraiment l'esprit qui m'animait : vouloir être sur le Chemin le plus longtemps possible dans la journée ; aller au pas et pouvoir regarder et non pas simplement voir, tout ce qui m'entoure , ne pas rater une miette de ce qui est magnifique, ingurgiter avec délectation ce qui semble anodin et banal : une jolie branche qui pendouille, une bonne vieille souche, un muret à moitié effondré, ruiné ou fraîchement restauré, les mousses recouvrant les arbres le long des rivières ; ou tout autre objet de la nature que, quasi anthropomorphiquement, je comparerais à un animal préhistorique : une brume légère laissant deviner des ombres subtiles, lointaines, bizarroïdes, un arbre dont le forme laisse une impression de romantisme…

*Arbre trident*
*Part vers le ciel*
*Poséidon sûrement !*

Je voulais utiliser mes jambes pour Marcher, avec mes chers quadriceps ainsi que mes jumeaux, mes chevilles et mes genoux, et les mettre au service du Chemin comme une simple mécanique bien huilée, comme un outil de découverte, de regarde-attitude, d'extase. C'est vrai que ce sont les muscles de base de la Marche ; cependant, je pensais surtout à faire « marcher » mes deux précieux sterno-cléïdo-mastoïdiens (je les adore), muscles trop peu utilisés dans la vie courante, particulièrement dans les activités de loisir, au sens large du terme, et encore moins dans l'activité rando où c'est « tout dans les jambes ! ». Cela me paraissait essentiel dans la quête de la communion de moi-même avec la nature et tout ce qui en découle mentalement.

Oui je Partais avec une intention : tout dans la tête. Certes les jambes permettent d'avancer, mais moi je voulais avancer, non pas pour voir, mais pour regarder, acte volontaire induit par cette envie d'apprécier, de contempler. Ma philosophie : *regarder pour voir*, voir vraiment. C'est ainsi que mes jambes commandent à ma tête de fonctionner, de goûter, d'apprécier. Il faut prendre garde à ce que son regard ne se concentre pas uniquement sur l'endroit où l'on pose ses pas, bien que cela soit aussi nécessaire. Mais cela n'est toujours pas suffisant ; le regard ne doit pas se contenter d'un angle de 30 degrés devant soi : il faut tourner la tête à droite, à gauche, à droite, à gauche, … devant, vers le ciel, devant, vers le ciel, … en utilisant ces muscles postés sur les côtés du cou et qui saillent lors de ses circumductions et de ses flexions latérales.

Il y a trois niveaux de regard : apercevoir, voir, regarder : je voulais absolument être au niveau du troisième niveau.

*Voir et bien regarder*
*Le secret pour garder*
*Le souvenir l'empreinte*

*Chaque kilomètre*
*Est une découverte*
*Chaque mètre est un émoi*
*Chaque centimètre*
*Me rapproche de moi*

Je voulais être dans l'exploration, l'esprit de découverte, le désir intense du nouveau dans un changement radical de toute l'approche que l'on peut avoir de son environnement, qu'il soit proche ou lointain. Ne pas perdre une seule miette de ce nous offre la nature, ses lieux d'habitation, ses habitants quand cela est possible, leurs habitudes et leur mode de vie dans la campagne, dans le bourg, la maison isolée ; ne rien perdre de ce que nous offre les cinq sens : surtout la vue, certes, mais aussi l'ouïe ; ainsi que le tactile en certaines circonstances. Profiter de chaque petit bout du Chemin, de chaque instant du Chemin, de chaque petit coin de paysage.

*Rêve est un pays n'importe où*
*Une extra-contrée quelqu'ailleurisée,*
*Un porte-bonheur doux*
*Dans le cœur des cerveaux.*

*Rêver, halluciner ses désirs,*
*Les faire se désirer si fort*
*Qu'ils deviennent plaisirs,*
*Et puis réalités.*

*Rêver,*
*Transporter son âme et son corps*
*Dans des journées de voyage,*
*Dans la rêverie des fors*
*Au plus fort de l'envie.*

*Rêver,*
*S'outrequelquepartir*
*Dans quelque transportement,*
*Et subaquaterrir*
*Sur des retours*
*À la raison.*

Regarder de gauche à droite et de droite à gauche, de haut en bas et de bas en haut, regarder le Chemin, regarder le ciel, les bas-côtés, les champs qui frissonnent et ondulent, les prairies et les bosquets, les pâtures, la cime des arbres et leurs troncs, leurs branches toutes différentes, les pétales de chaque fleur, le brin de mousse, là sur un rocher …

Toutes choses aussi simples que ça, coutumières, mais qui, mises ensemble, en semblent mises soigneusement dans un ordre semblant désordonné, mais dont la somme donne en somme un résultat supérieur à la somme arithmétique, frôlant l'unique, le parfait, le sublime, l'incomparable. Je voulais être dans la « regarde-attitude ». Et ne pas perdre une seule miette !

Ces impressions, le cerveau, l'état d'esprit, la motivation, l'aspiration du Chemin, le désir du but, les démultiplient, les décuplent au centuple, au miltuple, et les amplifient d'une façon incontrôlée, incontrôlable, jusqu'à naturellement l'exagération.

Je décidais tout cela avant de Partir, à l'époque où je préparais mon itinéraire, et j'avais bien l'intention de profiter de chaque centimètre, de chaque centimètre carré, de chaque mètre, de chaque mètre carré, de chaque kilomètre, de chaque kilomètre carré, mais aussi de chaque seconde, chaque seconde carrée, chaque minute, chaque minute carrée, chaque heure, chaque heure carrée ! ! ! chaque moment, chaque moment carré, chaque instant du Cheminement, sans compter les heures, les quarts d'heure, autant d'heures de bonheur. Sur mes dernières sorties de préparation, oui j'avais donc décidé de ne Marcher qu'à cette allure de déambulade.

J'avais moi-même fixé ma vitesse de Marche à quatre km/h. Grâce à une application sur mon portable que mon copain Patrick m'avait installée, j'apprenais à maîtriser cette allure. Parfois, je Marchais durant une heure pile à ce que je pensais être cette allure, et je m'arrêtais pour vérifier le nombre de kilomètres parcourus : super, au bout de trois randos, j'étais régulier entre 3,8 et 4,2 ! Et j'avais bien l'intention de Marcher à cette allure tout au long de mon parcours jacquaire sans en déroger.

*« Bien éprouvée, la motivation*
*produit la constance ».*

D'autres fois, je faisais le contraire : je Marchais sur quatre kilomètres en m'appliquant à vérifier sur mon application la distance effectuée, et je regardais le temps mis, cela devait donc faire juste une heure : super ! je n'avais jamais plus de deux minutes d'écart ! Parfait, Nanard !

Je me concentrais profondément sur mon corps et ses sensations les plus internes, sur mes ressentis : je surveillais de près la machine. Surtout mes jambes dont j'analysais en quasi permanence l'état de contraction et de décontraction, les deux allant paradoxalement de pair ; sensation de légèreté ou non, sensation d'efficacité ou non, sensation de tension ou non. Je me concentrais également beaucoup sur mes quadriceps et à vouloir contrôler leur efficience quand ils m'élançaient au-dessus des quatre à l'heure recherchés : quel qu'était l'état et la pente du terrain, je m'efforçais de ne pas forcer sur la machine et à sentir mes jambes dans l'effort quand le pourcentage du dénivelé devenait important : je cherchais le relâchement dans l'effort, même relatif. Je voulais me sentir léger dans mes jambes pour me sentir léger dans ma tête : le devant de mes cuisses était quasiment devenu le centre de mes préoccupations.

J'en faisais de même avec mes épaules, moi qui ai souvent mal dans le haut du dos, mon relâchement devait être total. Avec ou sans le sac à dos, c'était ma deuxième préoccupation. Quand je marchais avec le sac, j'essayais d'avoir les mêmes sensations au niveau du haut du dos que sans le sac, je cherchais une relation de confraternité avec lui.

### *Sac à dos*
### *Mal au dos*
### *Dos dans le sac*

Par le simple fait d'observer, de mes yeux multiples, avec attention et intention, tout ce qui m'environnait, la décontraction venait bien plus facilement et se faisait naturelle. C'est comme dans une séance de relaxation où l'on vous demande de vous concentrer sur la musique ou sur tout autre chose que le moniteur vous propose, et d'imaginer à partir de là ce que vous voulez : la pensée finit par envahir le cerveau qui, accaparé par ces stimuli, n'a plus la force ou le temps ou le loisir, que sais-je encore, pour envoyer des impulsions nerveuses aux muscles.

Ce n'est pas parce que l'on fait un effort, aussi violent soit-il, que les contractions apparaissent automatiquement. Une anecdote : je me souviens particulièrement bien d'une vidéo que l'on nous avait passée lors de ma deuxième année d'études de prof d'EPS. On y voyait Guy Drut, futur médaillé d'argent aux J.O de 1972 et futur champion olympique du 110 mètres haies à Montréal en 1976, et qui était dans ma promo, filmé lors d'une compétition en 1970. Dans cette vidéo, on le voyait de face pendant l'entièreté de sa course ; notre professeur voulait nous montrer à quel point, dans cet effort « intensissime », à ce très haut niveau de performance, il gardait, toutes proportions gardées, une grande décontraction ; cela se voyait à son visage, sur lequel le professeur s'était particulièrement attardé. Ses joues jouaient au yoyo avec son visage à chaque foulée et à chaque saut de haie, montant et descendant avec une amplitude tout à fait stupéfiante. On aurait dit comme un dessin animé, un film d'animation !

Il va sans dire qu'il n'y avait pas que ses joues qui étaient relâchées, mais elles étaient le signe tangible et visible de son relâchement général. Avec l'expérience et l'habitude de côtoyer des athlètes et d'assister à des compétitions de haut niveau, j'avais bien observé que les grandes performances, les grands exploits se font dans cette apparence de décontraction qui n'est en fait que du relâchement donnant une étrange impression de facilité par rapport au niveau de performance.

Je le remarquais en particulier lors des épreuves de saut à la perche, si spectaculaires. Lorsque l'on assiste à ce genre d'épreuve à la télé, on vibre certes, on s'extasie, on s'exclame parce qu'un record est battu, parce qu'un tel a gagné, et cela paraît encore très facile ; mais lorsque l'on est présent sur place, non seulement on a cette même impression de facilité, mais de plus on mesure bien mieux la hauteur de l'exploit.

### *L'effort dans l'aisance*
### *L'aisance dans l'effort*

Le tout dans une maîtrise absolue, sans geste parasite ou inutile : l'efficacité absolue.

### *La force n'est rien sans la maîtrise*

Bien que l'objectif de mon périple n'ait été en aucun cas de type sportif, alors que pourtant l'esprit de compétition ait été le fil conducteur de ma vie, je m'attachais, un peu comme une déformation professionnelle, à tous ces détails dans cette préparation.

J'étais bien conscient qu'une préparation physique aide à une préparation psychologique (si l'on se sent bien physiquement, on s'enlève une bonne part de stress éventuel) ; on sait bien que l'inverse est un lieu commun ; pas besoin dans mon cas de préparation psychologique puisque le projet est né d'un désir vraiment profond fécondant la motivation.

*« La préparation que j'ai eue m'a enlevé tous les doutes que j'avais pu avoir »*

*Teddy Riner*

Mon caractère me porte d'autre part à faire les choses à fond, à 100%, dès que je rentre dans un projet : quand son impulsion est donnée, rien ne m'arrête, un peu comme sur la planche d'appel de saut en longueur ; et comme on se jette d'un plongeoir dans la piscine, c'est alors que tout baigne.

## Il est plus facile de continuer à Marcher que de s'arrêter pour se reposer

Bien me préparer me permettait ainsi, dès les premiers pas sur place, d'avoir l'esprit serein et de n'avoir aucune crainte de la difficulté, d'erreur de parcours, ou même d'échec, je n'avais plus qu'à…Marcher. Et ce malgré quelques petits soucis physiques dus à mon âge et à l'intensité de ma vie sportive au long cours puisque j'ai pratiqué jusqu' à l'âge de soixante ans beaucoup de sports assez différents et en compétition. Cela m'amène à avoir de temps en temps, entre autres, des douleurs aux genoux et dans le milieu du dos.

Oui, préparer si tôt mon périple me permettait de le commencer trois mois avant le départ réel ; sauf que je ne l'avais pas fait pour ça !

Organiser un itinéraire, c'était déjà Partir : quand je le préparais, je pré-Partais dans le même temps ; c'était un pré-départ.

À défaut d'être un vrai départ, c'était un départ quand même ; c'est ainsi que je le vivais, et déjà intensément. C'en était curieux de voir comment j'étais calmement excité alors que lors du vrai départ, trois mois plus tard, c'était une vraie zen-attitude qui coulait dans mes veines : un étrange calme plat guidait ma voiture vers le point de départ comme s'il n'allait rien se passer, comme si j'étais parti faire mes courses au supermarché, alors que dès le lendemain, j'allais super Marcher ! et même, le dernier jour, hyper Marcher…comme on le verra plus tard.

C'est vrai que j'aime bien préparer longtemps à l'avance mes projets pour me projeter rapidement dans ses profondeurs et dans ses détails. Bien les gérer me donne le temps de les ingérer, les assimiler, les intégrer, et au besoin les rectifier ou les compléter par exemple pour prévoir une visite supplémentaire. Comme si, après un certain temps d'incubation, ils allaient venir se greffer quelque part dans une partie spécifique de mon cerveau, dans un recoin précieux de mon âme jusqu'à faire partie intégrante de mon pré-néo-Moi.

Même mon sac à dos était prêt à 90% un bon mois à l'avance, et au fur et à mesure que les jours avançaient, je rajoutais un quelque chose, le sac passait lentement à 91, 92, 93% … jusqu'aux préparatifs du dernier jour.

**_Rétrécir son univers à la dimension_**
**_de son sac à dos_**

Ce même sac à dos qui deviendra mon seul vrai compagnon, fidèle, parfois rebelle, complice de mon périple, je le soignais, le bichonnais, le soulageais, et je l'encourageais à me supporter, j'y avais intérêt. Combien d'objets j'ai soupesé, pesé, repesé, avant de les déposer dedans ! C'était au gramme près, ou presque.

Partir avec peu de choses était aussi un gage d'humilité, de rusticité, voire de respect vis-à-vis du Chemin qui allait me tendre ses bras.

***Se départir d'un superflu négatif
C'est déjà enclencher un super flux positif***

Car pourquoi s'encombrer de toutes les commodités de la quotidienneté ? Certaines sont certainement vraiment nécessaires, mais pourquoi ne pas profiter de l'occasion pour perdre l'habitude de garder ses habitudes.

***Marcher, c'est simple, mais Marcher simple,
c'est simplement Marcher vrai***

## La Marche, Marcher sur le Chemin

*Pour aller là-bas,*
*À travers les bois,*
*Les hauts et les bas,*
*J'ai besoin, je crois,*
*De croire en moi.*
*Pourtant, au départ,*
*J'étais dans le noir,*
*Mais j'avais l'espoir*
*Le bon vouloir,*
*Et hâte de savoir.*
*Si je m'en suis allé*
*Par les causses mouillés,*
*Sous la pluie obstinée,*
*Euphorique, enchanté,*
*C'est de bonne volonté.*
*En chemin l'aventure*
*Est physique,*
*Parfois dure,*
*Mais elle est, je vous jure,*
*Au fur et à mesure,*
*Humaine, intime, nature.*
*Marcher sur Compostelle,*
*Parler avec un tel,*
*Avec Jane ou Christelle,*
*Échanger avec elles,*
*Il n'y a rien de tel.*
*Quand je suis arrivé*
*Dans Cahors éclairé*
*D'un soleil valentré,*
*J'étais illuminé,*

*Sous la joie, soulagé.*
*Coquille Saint Jacques*
*Accrochée à son sac,*
*Les chemins de Saint Jacques,*
*En quittant sa baraque,*
*N'ont pas de cul de sac.*
*Ils vont vers l'avenir*
*Qu'alors on voit venir :*
*L'homme est en devenir,*
*Il sait où aboutir,*
*Son destin doit tenir*
*À son propre désir*
*Dans son propre plaisir,*
*Je voulais vous le dire.*

La Marche, c'est paraît-il naturel ; oui, mais semblerait-il, pas pour tout le monde, loin de là. Pourtant notre état de néo-bipède est bien là pour nous le prouver : combien de gens autour de moi ne pratiquent aucun sport, même la marche, et certains si peu ou très occasionnellement alors qu'il y a de plus en plus de métiers « sédentaires ». Le travail dans les bureaux sur l'ordinateur ou au téléphone, en expansion ces dernières années, vient encore ajouter à cette ankylose sournoise de la société hyper connectée que nous connaissons depuis plusieurs décennies ; et je ne parle pas de l'utilisation quasi systématique des écrans de loisirs qui accentue ce phénomène !

*« Marcher, c'est retrouver son instinct primitif*
*Aller avec et vers soi »*

En somme, il est à se demander si l'Homme, venu du singe, et utilisant encore **ses** quatre membres, ne va pas évoluer tôt ou tard, plus ou moins bientôt, vers un état de « cul-de-jattisme » avancé, avec d'abord une atrophie des orteils puis carrément des membres inférieurs ; quant aux membres dits supérieurs, vont-ils se réduire à la seule main droite, avec, qui plus est, une hypertrophie du pouce (parce que le pouce pousse sur les touches, lol).

Avec un peu plus de sérieux, je me demande si la société n'est pas en train, sur ce sujet comme dans beaucoup d'autres, de se couper en deux : d'une part les très actifs et d'autre part les « désactifs », les sportifs et les passifs, les « bougeotteurs » et les tweeters.

Moi, j'ai choisi mon camp : je bouge. Et la bouge à moi c'est l'action, l'action mon ADN. Chaque organe, chaque pièce du puzzle qu'est notre corps a besoin de bouger, de fonctionner, d'agir et d'interagir, tout comme pour toute machine, tout mécanisme, toute mécanique. Or la nôtre est d'un complexe ! Mon prof de psycho en première année nous employait cette expression, formulée de façon un peu curieuse : « la fonction crée l'organe » ; c'était une façon volontairement caricaturale et exagérée de dire qu'un organe, non pas se crée, mais s'entretient, et se maintient de par son propre fonctionnement. Dans cette idée, les kinés disent souvent : « T'as mal aux genoux, continue de marcher ». Il ne faut pas se laisser aller, il faut y aller.

Mais il y a marcher et Marcher :

Il y a la Marche-déambulade et la marche sportive

Il y a la balade du dimanche et les randos longues distances

Il y a la Marche sans et avec bâtons

Il y a la Marche sur le plat et la Marche en montagne

Il y a la Marche sur le goudron et la Marche sur le sable sec …

Dans la plupart des cas, la Marche est un exercice physique, hautement bénéfique d'un point de vue santé, et, dans un deuxième temps, une activité qui vide l'esprit, et même plus : quand on assume ses fragilités, cela devient une force.

Le Chemineau, lui, inverse ces deux objectifs : il ne Marche pas seulement pour Marcher, mais pour s'écouter, se chercher, se trouver, se retrouver ; s'isoler et échanger, et aussi sûrement pour se vider la tête malgré qu'elle bosse aussi pendant tout le Cheminement… mais autrement.

*Se vider de ce dont on est plein*
*Se remplir de ce dont on est vide*

Le vrai pèlerin ne se soucie pas d'objectifs « bassement » musculaires, physiques ou hygiéniques, sinon c'est un randonneur. Est-ce pour autant une « purge intellectuelle » comme en parle Jean Christophe Rufin ?

*Mes pieds me portent*
*Mes pas me guident*

*Je fais en sorte*
*De faire le vide*

C'est que le Chemin a cette subtile vertu de changer le Chemineau :

**Quand on Marche on change**
**Quand on change on avance**
**Quand on avance on change**
**On n'y perd pas au change**

Quant à moi, je l'ai déjà dit, j'avais tout préparé à l'avance, j'étais donc moi-même préparé et « pré-paré » à toute éventualité négative, même si je n'envisageais pas du tout le moindre incident. Ma tête était vide et pleine ; vide de soucis et pleine d'envie.

**Chaque pas est un départ**
**D'où je repars**
**Avec envie**
**De paradis en paradis**

Une chose assez bizarre m'avait occupé l'esprit le dernier mois avant de Partir : je décidais à cette époque de me raser complètement le crâne … à la grande surprise, pour ne pas dire la stupéfaction, de mon épouse. D'autres personnes aussi m'en avaient parlé mais je n'avais jamais réussi à leur fournir une explication claire et à leur donner des raisons précises ; cela m'interrogeait quelque peu, je voulais vraiment savoir pourquoi je l'avais fait.

J'invoquais des raisons pratiques plutôt fallacieuses : ne pas m'embêter avec mes cheveux, m'alléger le sac en n'ayant pas besoin de prendre de shampooing …

D'une façon assez incroyable, la réponse m'est venue dans la tête deux semaines après être rentré sans avoir eu besoin d'y réfléchir. Elle était en suspens dans mon crâne. La réponse m'avait sauté aux yeux comme me viennent très souvent les premiers mots d'un futur poème dont j'éprouve le besoin impérieux de coucher sur le papier le contenu.

La réponse, la voici : je voulais déjà, avant de Partir, être quelqu'un d'autre : « m'autrementer , voire « m'autrer »». Et concrétiser ceci par un acte quelconque alors que cette longue préparation ne me changeait que dans mon état d'esprit, mon envie, mais pas fondamentalement dans mon caractère et ma façon d'être. Par cet acte, je commençais donc à m'autrer autrement, autrement dit à commencer à changer vraiment quelque chose en moi. Ce que je sais, c'est qu'une de mes motivations était de savoir si j'étais capable de me dépasser, et j'espérais presque devoir affronter quelques difficultés. Sans chercher l'exploit, je me disais que se vider physiquement permettait de se vider psychologiquement.

Quelque chose, mais quoi ? En tout cas, je me sentais réellement un pré-jacquet.

**_Le pré-Chemin m'a pré-fait,_**
**_le Chemin m'a refait._**

Si le Chemin nous change, c'est ce qui se dit, pour moi ma préparation était un pré-Chemin qui me préparait à changer, et qui me pré-changeait effectivement.

Je savais qu'il changerait quelque chose en moi, me refaçonnerait à sa façon, à son bon vouloir, et que grâce à sa force il me dominerait gentiment.

Petit proverbe bien connu et qui fait son chemin :

*« Ce n'est pas toi qui fais le Chemin, c'est le Chemin qui te fait. »*

Mais il s'agit d'une domination consentie, acceptée, bénéfique, souhaitée ; une domination absorbée, bienvenue, bienfaisante, bienfaitrice ; une domination devenue une dominante, caressante, enchantée, permanente, envoûtante.

Me changer jusqu'à devenir meilleur, parfait ? Je n'entends pas le devenir car la perfection n'existe pas ! Même chez moi (lol). Mais plus sérieusement, une fois réellement sur le Chemin, Marcher allait-il vraiment me parfaire ? Au fur et à mesure, je me disais que oui, en tout cas j'essayais de m'en persuader ; me changer, oui, mais me parfaire … ?

Au fil des kilomètres, j'en prenais plein la figure, plein la tronche, et de plus en plus, tout l'autour me rentrait dedans par le nez, les oreilles, la peau, les pieds, les yeux. Oui forcément je resterai encore moi avec mes fondamentaux, mais en même temps je serai quelque part quelqu'un d'autre, ainsi qu'à chaque nouvelle expérience de vie ; sauf que le Chemin aspire le pèlerin, l'imprègne, l'imprime en plus de l'impressionner. Dans le même temps, je me demandais si cela allait persister à mon retour, si l'encre du Chemin allait s'effacer ou rester indélébile. Que serai-je en rentrant, quand tout sera fini ? Quand le quotidien rongeur inondera à nouveau mon retour à l'habituel ?

Je reste sans vraie réponse ! D'ailleurs, je ne voulais pas vraiment le savoir, je voulais rester sur mes impressions de nouveauté, de changement, d'autrement.

Le Chemin, ses paysages, ses rencontres, ses moments de solitude, de réflexion, de pensées, portent des images qui font impression sur l'être intérieur, impression en relief, en couleurs, en ressentis.

Oui, Marcher c'est peut-être un acte banal, mais Marcher sur le Chemin, c'est réellement autre chose. Je me demandais parfois si j'aurais les mêmes réactions si j'étais Parti sur n'importe quel autre parcours en France, loin d'ici ; si j'étais par exemple parti de chez moi sur la Via Francigena. Je ne pouvais pas trouver la vraie réponse puisque ce que je ressentais était au top et que je ne pouvais imaginer plus fort en sensations. Du coup mon jugement ne pouvait qu'être involontairement partial et en trompe-l'œil. Aussi en restais-je là dans ce questionnement : « Je suis bien ici, si pénétré de ma Marche, que rien d'autre ne compte » et l'idée qu'il pourrait éventuellement y avoir mieux n'était pas à l'ordre du jour : je vivais à fond mon

Carpe Diem personnel.

*Le Chemin est mon moteur*
*Le plaisir mon essence*
*Mon envie n'a pas de frein*
*Mon envie est sans fin*
*Mon envie est une faim*
*Je suis mes rêves*
*Ils connaissent le chemin*

Croyant ou pas croyant, la vision à long terme est un moteur qui stimule les muscles des jambes, lance le cerveau vers un horizon, booste l'appétit d'avancer. Ce Chemin qui va si bien si loin le permet.

*L'objectif est plus près*
*Quand on a l'objectif*
*De le caresser*

*L'objectif est lointain*
*Mais l'ennui est interdit*
*D'ailleurs l'ennui nuit*

Marcher sur le Chemin est un acte débroussailleur, purificateur, refondateur, et au minimum modificateur.

*Je ne Marche pas seul*
*Mais avec mon autre Moi*
*On se parle, on échange*
*Ça fait un nouveau mélange*
*Je sens que je change*

C'est bien le cerveau qui envoie les impulsions nerveuses aux muscles pour avancer, mais c'est à croire qu'en retour les muscles lui rendent la pareille en lui projetant des notions de points de vue nouveaux comme si l'âme et le corps interagissaient en permanence dans un but d'amélioration de l'espèce humaine, de la capacité de l'homme à aborder les problèmes sans les saborder, et à les éliminer ; ou bien mieux, à en tirer bénéfice pour une ressource nouvelle.

*Va pas si vite !*
*Écoute ta tête*
*Écoute ton corps*
*Car ta tête et ton corps*
*Font corps*

Marcher n'est donc pas qu'un acte physique, c'est un mode d'être, une façon d'être un autre être, pas extrêmement différent certes, mais autre, une façon de faire apparaître une autre partie de son être, une partie insoupçonnée ou soupçonnée simplement lors d'un questionnement approfondi.

La Marche du pèlerin n'est pas une Marche anodine ; plus qu'une Marche, c'est une démarche ; bien volontaire et assumée pour que ça marche.

*Arraisonner l'horizon*
*Au loin du lointain,*
*Assaisonner du Chemin*
*Nos vies de charbon,*
*Démaisonner avec raison*

*En partance dans la distance,*
*Et déraisonner en quittance*
*De ma chère maison,*
*C'est le Partir qui commence.*
*Casser la croûte sur la route*
*Au coin du clin d'œil*
*D'un rêve qui crève l'ennui,*
*Casser la graine quand s'égrènent*
*Les jours et les nuits,*
*Chausser les sabots sur les sentiers,*
*Endosser le dossard du départ,*
*S'adosser à la bordure*
*S'adonner aux kilomètres d'aventure,*
*S'abonner au sac à dos,*
*Abandonner ses habitudes*
*Et pousser l'humilité*
*Jusqu'à dormir dans la mousse,*
*C'est le PARTIR qui se trémousse.*

Dans ces conditions, Cheminer reste une aventure, peu risquée il est vrai, une aventure dans le sens d'une nouvelle expérience à vivre.

*Se balader dans l'aventure,*
*Mordre la queue de l'horizon,*
*Partir plus loin que le rêve,*
*Au plus loin de la maison,*
*Prendre l'aventure*
*À bras le corps ou sous le bras,*
*Brûler le Chemin*
*De ses pieds mégalomanes,*
*Donner des coups de pied*
*À chaque lendemain,*

*Laisser des «Ouais !» derrière soi*
*Dans des lits inconfortables.*
*Ne revenir que si le camembert*
*Aura fait le tour de la table.*

Mais sans doute par-dessus tout, la Marche au long cours est le parfait contre-pied du fracas de notre société de consommation qui nous prend de vitesse, happe notre temps, nous immerge dans un grand tourbillon que l'on ne maîtrise plus. Elle est un vrai pied de nez à un monde pour lequel nous ne sommes même pas faits.

Comme le dit si bien Frédéric Gros, la marche est une expérience spirituelle périlleuse parce qu'elle nous fait prendre conscience de nos existences folles… et qui nous font honte dans nos vies urbaines ; je rajouterai : et qu'il faut bien retrouver le moment venu. C'est pourquoi je vous redis bien que le remède qu'est la Marche, ça marche très bien.

## Éloge de la lenteur

### *Ne pas compter ses pas, les suivre*

Épicure (déjà) disait : « *Le grand scandale est que le bonheur est simple, mais tout est fait dans la société pour nous en détourner* »

La Marche est bon moyen pour avancer lentement, surtout à l'heure de l'avion, du TGV, de l'automobile, de la moto, et maintenant de la trottinette électrique. Comme le dit Frédéric Gros, « *mettre toujours un pied devant l'autre requiert de la patience, à défaut de l'intensité de l'immédiateté de la vie* ». J'ai donc non seulement décidé de Marcher, mais aussi, et surtout, de Marcher « len-te-ment ». Mon allure choisie : à quatre à l'heure, le contraire de « à toute allure » !

Ce n'est pas une « déambulade », ce qui impliquerait nonchalance et détachement, mais bien plutôt un… Cheminement.

> *J'avance pas à pas*
> *Pas à pas de géant*
> *Mais tranquillement*

De plus je prends beaucoup de photos car tout m'interpelle, m'intéresse, m'attire ; ce qui ralentit d'autant ma vitesse de progression, ma vitesse moyenne. Ensuite, le Chemin m'aspirant, il m'inspire et m'incite à écrire quelques haïkus, ou bribes d'haïkus, des simili haïkus, par ci par là en rapport, par définition, avec les instantanés, les ressentis, les sensations qui viennent soudain m'envahir.

*Mon itinérance*
*Est une errance ciblée*
*Dans l'effervescence*

Je me refuse à Marcher vite, bien que j'en sois sans doute capable, car je désire rester sur le Chemin le plus longtemps possible…

*As-tu consacré assez de temps*
*À ton bonheur aujourd'hui*
*Ma réponse a toujours été oui*

…tout en me gardant une marge de sécurité afin de ne pas arriver trop tard au gîte d'étape, surtout lorsque le repas du soir est servi, et il l'est le plus souvent à dix-neuf heures ; afin de recopier sur un petit carnet les haïkus griffonnés durant la journée, petit carnet que je fais tamponner du même tampon que la crédenciale ; afin d'avoir le temps de me doucher, de faire le point sur mon sac à dos et le pré-préparer pour le lendemain, puis afin d'avoir le temps… de prendre mon temps , de ne rien faire, par exemple. Et enfin d'avoir le temps paisible de manger le repas si amical et convivial avec les autres jacquets du gîte, et avec l'hébergeant. Cette démarche marche bien chez moi, je m'y sens bien, cool comme la nature qui m'entoure.

*Calme est le vent*
*Calme est le temps*
*Calme est mon âme*

*J'avance lentement*
*J'évite le vite*
*Je ne Marche pas*
*Mon fils dit que je lévite*

Mais il y a aussi un avantage plus prosaïque : c'est que beaucoup de jacquets ainsi me doublent au hasard de ma Marche et lors de mes arrêts photos et de mes pauses haïkus. Lors de ces deux derniers cas, l'entrée en relation est beaucoup plus facile, surtout de mon fait car j'en profite pour amener le jacquet dans mon univers poétique ; puis j'essaie d'avoir avec lui un début d'échange, ce qui n'est pas toujours facile étant donné qu'il est souvent absorbé par lui-même et parce qu'il a prévu un rythme de Marche, une heure approximative d'arrivée … ou parce qu'il n'a pas envie.

Pour mon cas personnel, ces quelques discussions agrémentent joliment ma journée et surtout l'enrichissent. Mon périple doit rester un plaisir absolu malgré les quelques contraintes et autres désagréments qui peuvent survenir, et ne doit pas devenir pour le pèlerin lambda un chemin de croix. Pour prévoir mon itinéraire, j'avais deux options de base à partir du moment où je ne voulais pas aller vite :

1/ Faire des étapes plutôt courtes, et être ainsi tranquille sur les horaires.

2/ Faire des étapes plutôt longues mais à condition de partir tôt le matin et d'accepter d'arriver en fin d'après-midi ; dix-sept heures était mon objectif moyen.

*Quatre heures et demie que tu marches !*
*Me dit mon appli*
*Seulement ! que je lui dis*

Quand je posais la question à mes amis de savoir quelle option ils auraient choisi et quelle option j'avais choisie, à l'unanimité c'était l'option 1 qui était répondue. Je leur rétorquais que c'était la seconde. Mon idée fixe était bel et bien de rester longtemps sur le Chemin, j'étais logique avec moi-même.

*Quand le Chemin s'allonge*
*La distance se raccourcit*
*Question de proportions*
*Question de sensations*

S'il y a eu des étapes courtes, voire très courtes, il y a eu aussi des étapes longues, voire très longues ; la plus longue faisait trente-cinq kilomètres, mis à part la dernière qui en faisait quarante. Et qui s'est révélée en faire en réalité près de quarante-trois !

*L'objectif est bien loin*
*Du coup il est excitant :*
*Je vais prendre tout mon temps*

Phrase reprise par beaucoup de pèlerins :

*« Je prends mon temps, d'habitude,
C'est lui qui me prend »*

Non pas que ce fût un challenge absolu, mais j'avais la contrainte de retrouver mon épouse chez mon fils à Goudourville à la fin de mon périple, près de Valence d'Agen ; car ce village se trouve à deux kilomètres du Chemin entre Moissac et Auvillar.

**Quand on Marche vers elle,
La notion de difficile
Recule facile**

Je me disais que ce serait peut-être dur, mais cela me permettait, en cas de difficulté, (fatigue, blessure, problème musculaire ou articulaire, maladie, etc…) …

**Quand tu as trouvé ton but
Le chemin devient facile**

….. de voir comment je réagirais tant physiquement que psychologiquement.

**L'ampoule à ton pied
T'éclaire sur tes capacités**

Je voulais voir si ce que j'avais écrit se révélait exact pour moi :

*La douleur n'existe pas*
*Quand on dirige ses pas*
*Vers le bonheur*

C'était plus un challenge qu'un défi.

C'était plutôt un fouissage au plus profond de l'intérieur de moi-même pour essayer d'y découvrir des éléments de mon être terrés quelque part dans l'enfouissement et la complexité de l'âme humaine.

*La fatigue est relative*
*Relative à ton envie*
*Ton envie est relative*
*À l'horizon de ta vie.*

Bien m'en a pris puisque tout s'est bien passé, même en ce dernier jour « marathonesque »…qui fut couronné d'une apothéose sobre et modeste (c'est ainsi que je l'ai intensément vécu) mais émouvante : une arrivée chez mon fils, avec mon épouse, comme un aboutissement naturel d'un projet réalisable, programmé sereinement et abouti.

*Les kilomètres avalés*
*Sur les monts dans les vallées*
*Ne sont qu'humilité*

Il y a une étape où j'ai souffert de la chaleur. À la sortie de Moissac, je peux aller tout droit et longer le canal latéral de la Garonne, donc tout plat ; je décide cependant de prendre une variante qui rallonge de quelques kilomètres, et qui comporte surtout de belles montées bien boueuses. Et je m'en suis trouvé satisfait, même dans la difficulté, puisque je rallongeais ainsi mon temps de parcours en même temps que je le diversifiais et que j'allais être bientôt récompensé d'une rencontre inattendue.

*Dans la descente, je n'accélère pas*
*Dans la montée je ralentis*
*Un peu comme dans la vie*

*Le bout du Chemin*
*N'est pas loin*
*Quand on le veut bien*

Il m'est arrivé une anecdote du côté de Béduer, peu après Figeac : un couple me double en marchant vraiment à vive allure : j'estime sa vitesse à 6 km/h ; je décide alors de les laisser prendre du champ, environ cent cinquante mètres, et de suivre leur allure : pour l'expérience. Je les suis ainsi pendant un gros kilomètre : mais que c'est pénible pour moi ! non pas que je n'arrive pas à suivre, encore que, ne m'étant pas préparé à cette allure, je sens vite mes muscles inférieurs crier « Alerte » ! Je pense même que si j'avais voulu les suivre jusqu'au gîte du soir, j'aurais eu beaucoup de mal, et c'eut été une autre expérience. Pendant ces douze minutes, je n'avais vu que mes pieds et les cailloux qu'ils écrasaient. Je décide donc assez rapidement de reprendre mon allure, et je me dis alors : « Qu'est-ce que ça m'a fait du bien ! » d'avoir côtoyé le « pire » pour mieux apprécier ensuite le meilleur : ma Marche lente, celle qui favorise l'immersion !

*À Marcher si vite*
*À vouloir les suivre*
*Je n'ai trouvé que déplaisir*
*À Marcher tranquille*
*En les laissant partir*
*Je n'ai trouvé que des plaisirs*

Je Marche donc je suis, et je veux être ; même si par la faute, ou plutôt grâce au Chemin, je sens que je suis en mutation, qu'un être différent est en train de naître, en confrontation tacite avec celui que je connaissais ne serait-ce qu'à peu près.

*Je pense donc j'essuie*
*De mes pensées les futilités*
*Ainsi je suis ce que je suis*

Marcher, c'est s'humilier puisque, même s'il n'y a que soi-même qui compte, on apprend qu'on ne se connaît et ne se comprend soi-même pas toujours très bien, et qu'en conséquence on n'a pas intérêt à faire en société le fanfaron, le m'as-tu-vu, le malin. Et ça, c'est très malin.

## Marcher pour réfléchir ?

Ce concept est un grand classique !
Le dépouillement, la rusticité, la sobriété.
Ou la réflexion, le questionnement, la grande introspection. Oui soit, mais pas trop pour moi.
<u>1/ La réflexion</u>

Le dépouillement, la rusticité, la sobriété : OK, ça me va très bien, mais pour le reste : non, pas pour moi en tout cas : je Marche pour Marcher, sûrement pas pour réfléchir, sinon je trouverais bien le temps pour cela quand je suis chez moi. La réflexion vient dans un deuxième temps seulement et elle reste superficielle, ma Marche n'est pas une prise de tête. Pourtant, si elle survient parfois, me surprenant au tournant, c'est juste pour voir et regarder, entendre et écouter, goûter et apprécier. Pour prendre le plaisir immédiat là où il est, là où il saute à ma figure et me tend les bras, là, au moment où j'y suis, et pas pour me poser des tas de questions existentielles.

C'est ainsi que les bribes de haïkus me surprennent à survenir subitement, parce que quelque chose autour de moi a fait tilt dans mon esprit grand ouvert à ce qui m'entoure ; cela vient comme par magie ou par un coup de Saint Esprit, et c'est un enchantement de pouvoir traduire sur le papier instantanément une impression bien précise.

***Marcher, Marcher***
***OK, ça marche***

### Mais le cerveau
### Lui aussi il marche

Cela n'empêche pas que toutes ces sensations, mon esprit se concentre pour les ressentir, les magnifier, afin de mieux les apprécier ; elles rentrent naturellement en moi, et ce n'est pas la réflexion qui les y amène. Voir un déchet à terre, un tas de pierres posées au pied d'une croix, un jacquet qui passe devant moi sans mot dire ni même faire un signe, ce sont des évènements qui vont m'amener un instant de réflexion qui va se transformer en quelques pensées éphémères : « *J'y pense et puis j'oublie* »

Partir pour réfléchir, je n'y crois pas, même si chaque jacquet sait qu'à un moment donné cela peut arriver ; la réflexion vient si elle le veut, c'est le Chemin, dans sa domination sur le pèlerin, qui en décide, à condition qu'il se soit mis dans les bonnes dispositions mentales. Dans le cas contraire, le jacquet devient un simple randonneur.

La réflexion me vient toute seule comme vient subitement sans crier gare mon inspiration poétique.

### Coupé du monde
### Branché sur moi
### Sur mes propres ondes

### Je suis moi
### Mon moi me suit

<u>2/ Le questionnement</u>

En connaissez-vous, vous, des jacquets qui se disent le matin au départ de l'étape : « aujourd'hui, je vais me poser telle ou telle question philosophique, sociétale, sentimentale, professionnelle ? Non, ça ne se passe pas comme ça.

Pour mon cas personnel, un jour je me suis posé des questions sur l'ovulation instantanée des libellules à mamelles bicolores en période de mousson hyper précoce ! J'ai vite renoncé ! Trop compliqué, non ? (lol)

<u>3/ La grande introspection</u>

Qu'ai-je fait de bien, qu'ai-je fait de mal, qu'ai-je fait de plutôt bien, qu'ai-je fait de pas trop mal ? Et qu'aurais-je dû faire pour faire mieux ? Et d'abord pouvais-je faire mieux ? et comment ?

Non pas pour moi non plus ! Je ne Marche pas pour me mettre martel en tête.

Peut-être pour certaines personnes qui ont fait quelque chose de très très mal et qui veulent faire leur mea culpa, ou de très très bien et qui voudraient être de meilleures personnes encore.

Si je Marche, c'est juste pour vivre autre chose, me carper diémer de la tête jusqu'aux pieds, vivre autre chose, rencontrer d'autres personnes que mes amis, mes proches, ma famille, d'autres visages, voir de nouveaux paysages, qui deviennent souvent inspirants comme toute nouveauté. Ainsi, il se peut que, par une simple anecdote, un fait bien particulier ou banal un échange avec quelqu'un, une question vienne me taquiner l'esprit, mais cela arrive dans un deuxième temps et elle en reste quelque part au fond de moi à l'état végétatif.

Il est arrivé pourtant que cela me suscite une vraie question quand cela faisait référence à un évènement plutôt récent et qui a créé des tensions, suscité des interrogations, des déceptions, des émotions fortes, mais autrement, c'est le Chemin qui m'emporte, m'entraîne, m'élance car c'est bien lui qui me dicte gentiment sa loi.

*Le Chemin guide mes pas*
*Il me dit où aller*
*Mais je le sais déjà :*
*Vers moi*

Si mon corps vagabonde grâce à mes jambes, mon âme vagabonde de concert, ma pensée se diffuse, un peu confuse, et infuse dans le plus profond de mon être, tellement profond que je me surprends moi-même à ce que mes pensées, que je pensais insensées, soit se dispersent, soit le plus souvent se dispensent de prévenir de leur arrivée là-haut dans mon cerveau.

*« Le plus grand voyage*
*Est celui à l'intérieur de soi »*

*Je Marche à côté de moi*
*Je Marche près de moi*
*Je Marche avec moi*

Lorsque le soleil est là, une ombre m'accompagne et j'ai souvent l'impression de Marcher à côté de quelqu'un qui m'escorte sagement, gentiment, discrètement ; mais ce quelqu'un n'est guère visible : qui donc est-ce ? Quelqu'un de pas tangible, pas visible, insaisissable, comme une ombre parallèle reliée à moi par un fil invisible et sensoriel.

Je suis quelqu'un et quelqu'un comme moi est là tout à côté. Il doit être là pour m'emmener, me guider, m'aider à avancer vers le but du périple. À moins que ce ne soit pour m'aider à avancer dans mon Chemin de vie, dans mon Cheminement intérieur qui, tout un chacun, ne cesse jamais.

*« Marcher, c'est retrouver son instinct primitif :*
*aller avec et vers soi »*

N'est-ce qu'une ombre ? ou mon simili-clone, mon deuxième être, mon deuxième corps ? Mon âme qui fait corps avec mon corps ? Un ange gardien ?

***Ce n'est pas moi qui Marche***
***C'est mon cœur c'est mon âme***
***Qui progressent pas à pas***

En somme, sur le Chemin, je réfléchis certes, j'en profite pour me poser quelques questions de façon anecdotique et épisodique ; ma réflexion n'est jamais vraiment approfondie comme elle le serait dans une vraie introspection, n'étant qu'une sorte de balayage superficiel de moi-même, un sommaire passage en revue de mes capacités, de ma personne, et plus sûrement de ce que je suis capable de ressentir et de faire.

Mais je ne Pars pas dans ce but, et ma pensée se fait naturellement dans plusieurs axes grâce à la grâce du Chemin.

Je pense plus que je ne réfléchis. Penser est naturel, spontané, presque animal ; réfléchir est voulu, volontaire, réfléchi.

Finalement, c'est simple : je Marche pour Marcher, je Marche pour m'évader, je Marche pour m'isoler, je Marche pour me déshabituer, je Marche pour me dépouiller, je Marche pour me simplifier, je Marche pour rencontrer, je Marche pour enlever ce masque que je porte dans ma vie de tous les jours, je Marche pour décompresser, je Marche pour oublier, je Marche pour innover, je Marche pour découvrir, je Marche pour me tester, m'éprouver, me prouver quelque chose, je Marche pour goûter, je Marche pour me chercher voire me trouver, je Marche pour me retrouver.

Avant le départ, je ne savais pas trop ce que je venais chercher, je voulais juste « faire autre chose », et sortir de ma zone de confort ; maintenant, je sais.

Et ainsi, j'ai créé mon propre bonheur.

***Chemin pas toujours facile***
***Toujours utile***

Marcher pour réfléchir : non ; réfléchir en Marchant : oui, sans nul doute un peu.

## Seul ou à plusieurs

Avril 2019 :
-Allo, Bernard
-Oui c'est moi
-C'est Jean
-C'est à quel sujet ?

-Je pars dans 5 semaines sur les Chemins de Compostelle avec Louis, un de mes meilleurs copains mais que tu ne connais pas ; on va Marcher une semaine du côté de Conques-Cahors, mais aussi avec Marie-France ; malheureusement, elle ne peut pas Marcher car elle a une hernie discale très douloureuse qui la fait énormément souffrir. Comme tu m'as dit l'an passé que c'était un de tes rêves, j'ai pensé à toi pour la remplacer : accepterais-tu ?

-Ah que oui ! Physiquement, ça va, je fais de la rando très régulièrement, en particulier avec un club de Calais où, de plus, ça marche assez vite. Mais il faut que je demande à Danièle et je crains qu'elle ne soit pas trop d'accord, je vais bien légitimement lui demander.

Très peu de temps après, avant que je n'aie eu le temps de le faire, Marie-France lui téléphone pour lui expliquer la situation ; et à ma grande surprise, elle acceptait, avec certes un peu de cuisance et de maussaderie.

Et c'est Parti. Pour un certain changement dans ma vie, voire un changement certain.

Jean organise alors trois randos avec Louis et moi afin que nous fassions connaissance. Jean et Louis sont deux anciens agriculteurs qui ont près de soixante-dix ans, mais avec quelle pêche ! Le contact se fait dans une grande facilité, une grande simplicité. Si Jean est quelqu'un de très volubile avec un caractère bien trempé, Louis est très discret, non pas effacé, mais recouvert d'une modestie presqu'exagérée. Jean m'appelle « l'intellectuel » avec plus ou moins de sérieux car, s'il le pense un peu, il est surtout un grand blagueur et un insatiable chambreur : bonjour la gaieté ! « Intellectuel » soi-disant, parce que j'étais dans une vie antérieure professeur ; « Oui mais que de sport » lui répondais-je avec le même humour.

Aussitôt, j'écrivais ce poème :

*Avec ces deux hommes, je m'en vais partir,*
*Marcher avec eux sur les bords du Célé ;*
*De mon humeur, à ne pas me départir*
*J'aurai à cœur, ni de m'en écarter.*

*Avec mes deux pieds, je m'en vais Marcher,*
*Avec ces deux hommes, dans la bonne entente,*
*Au pied de la rivière me ressourcer,*
*Prenant le temps et l'odeur de la sente.*

*Avec mes deux yeux, je m'en vais goûter*
*La douceur des beautés de la nature,*
*Dans la chaleur d'une neuve amitié*
*Que cristallise une envie d'aventure.*
*Avec mes deux bras, je m'en vais lancer*
*Vers le ciel un vœu de sérénité,*
*Faire un tri sélectif dans mes pensées,*
*Des plus jolies aux moins sophistiquées.*

*Je suis sûr que m'aidera la nature,*
*Celle qui m'entourera de ses bras ;*
*Je suis sûr que m'aideront mes lectures,*
*Et de mes nouveaux compagnons l'aura.*

*Dans les méandres câlins du Célé,*
*Dans les détours escarpés du Chemin,*
*Dans les parfums que j'aurai décelé,*
*Dans la proximité d'un bon copain,*
*Dans le discours qu'il aura murmuré,*
*Je suis sûr de trouver le bon Chemin.*

Trois bonnes semaines plus tard, nous voilà embarqués dans cette « aventure », c'est ainsi que je le vivais. Car c'était ma première expérience de ce genre : non seulement je quittais le berceau familial pour une semaine en laissant mon épouse seule, mais de plus c'était pour Marcher, et pas n'importe où, sur ce Chemin mythique ; et qui plus est en mini- groupe. Soit trois expériences en une, somme toute.

Jean, qui en était aussi à sa toute première expérience, avait prévu des étapes plutôt courtes : quinze kilomètres en moyenne. Malgré tout, et qui plus est avec la pêche qu'il a, ça cavalait pas mal, et je me mettais au pas ; Louis quant à lui Marchait bien aussi, mais pas si vite, si bien que nous nous trouvions l'un derrière l'autre bien souvent, avec un certain écart. Dans les montées, Jean avait la particularité de Marcher à la même allure que sur le plat ; je trouvais hallucinant de voir cette facilité déconcertante, alors que Louis et moi commencions à tirer la langue pour ne pas nous trouver trop largués au risque de (gentilles) moqueries de la part de Jean. En fait, nous n'arrêtions pas de nous chambrer les uns les autres tout au long de la journée, et nous nous trouvions comme trois adolescents débordant d'enthousiasme, d'humour à deux balles et de confraternité.

J'avais déjà dans la tête de Marcher lentement, mais je m'étais dit dès le départ que puisque c'est Jean qui avait tout organisé et que j'arrivais dans le groupe au dernier moment, je n'avais qu'à me taire en cas de litige ou d'un quelconque problème entre nous. Aussi, je me devais de « composer », de faire avec, bref de m'adapter pour m'intégrer. Donc, dans les montées, j'adoptais un rythme moyen, je laissais filer Jean mais pas trop pour ne pas me trouver … Gros-Jean comme devant, et sachant que de toute façon, la montée finie, nous nous retrouverions, le premier attendant le deuxième et les deux premiers le troisième, qui était toujours… moi ! C'était aussi pour moi l'occasion d'être seul un instant. Cette situation se répétait aussi de temps en temps sur le plat. Pour la première fois, je ressentais cette dualité d'aimer être seul et d'aimer être avec. À cette époque pourtant, je n'aurais jamais envisagé pas de partir seul, non pas parce que j'avais la peur de me perdre, non pas parce que la peur de m'ennuyer m'ennuyait, mais parce qu'entre rester seul et être avec, je donnais la préférence au deuxième cas.

Jean, je ne le connaissais que depuis peu de temps (un an ou deux) alors que Marie-France, je la connaissais depuis une petite dizaine d'années pour lui avoir infliger mes cours de gym auxquels elle assistait pourtant assidument. Elle aussi est une ancienne agricultrice. Je suis très content de côtoyer le monde agricole à travers ces 3 personnes au dynamisme incroyable pour Jean et Marie-France, à la modestie infinie pour Louis. C'était du nouveau pour moi.

Là donc, durant cette semaine ensemble, j'étais, grâce au trio que nous formions, immergé dans le milieu agricole, nouvelle nouveauté pour moi. En me mettant un peu en retrait, je les observais observer les terres agricoles, leur attribuant des avantages ou des défauts, en les analysant en profondeur : « Cha ch'est d'eul rute bonne terre », ou encore « Li, y-a point mis d' désherbant dins sin camp, cha va point donner grand-quosse » etc… Ils passaient en revue le bétail dans les pâtures, faisaient des commentaires sur les cultures etc… Je me délectais de ces observations en même temps que j'apprenais du monde agricole.

Une fois, nous sommes sur une partie de route, nous longeons un grand jardin que prolonge un grand potager où travaille un couple de personnes âgées, d'environ quatre-vingt ans dirais-je. Là, pour le contact humain, c'est l'affaire de Louis : voilà qu'il entame la discussion de part et d'autre de la clôture ; cela dure, dure, dure bien vingt minutes, et au moment où je pense que ça va se terminer, voilà mes deux compères qui enjambent la clôture pour voir de plus près et qui se mettent à prendre une bêche pour essayer de faire comme les paysans disaient de faire ; et cela dure, dure, dure encore un bon quart d'heure. Je me régale d'assister à ces conversations dont je ne comprends pourtant pas tout et qui m'intéressent pourtant.

Puis nous reprenons la route (le Chemin) à trois, à deux, moi seul, et j'apprécie tout autant chaque situation. Tout me convient.

*Avec eux*
*Ces deux uns*
*Quoi de mieux*
*Qu'un Chemin*
*Que l'on suit*
*En commun*
*Comme un bruit*
*Qui va loin*
*Dans la nuit*
*Du destin*
*Qui vous crie*
*Vous retient*

Pourtant, et j'ai du mal à l'analyser, il m'arrive quelquefois de me laisser décrocher volontairement, en dehors des montées, même si le tempo n'est pas rapide ; bien sûr, c'est pour goûter à un peu de solitude ; mais pourquoi ne pas essayer de la goûter avec un peu plus de convivialité, de rapports humains, d'être encore un peu plus ensemble ? C'est un équilibre à trouver dans l'instant T, dans l'instantanéité. C'est cet équilibre qui était bienfaiteur, d'autant que manifestement il était embrassé par mes deux co-jacquets. Plénitude qui est un savant dosage de solitude et de partage.

Il arrive aussi que nous sommes à trois bien ensemble sans qu'il n'y ait de conversation. C'est une autre forme de solitude de type intermédiaire puisque mes partenaires sont bien là présents à mes côtés, et que je suis encore satisfait de cette situation d'être seul… avec quelqu'un : trois identités, quelque part identiques, dans un même élan sur un même Chemin vers le même but, et je trouve magnifique et grisant de progresser ensemble dans ces conditions.

Et ce d'autant que ce Louis, je ne le connaissais pas cinq semaines auparavant ! Une telle osmose me réjouit profondément à chaque instant, sans compter que je me dis que Louis deviendra sans doute un bon ami quand je serai rentré. Car Louis est une (très) belle personne.

*L'un et l'autre*
*M'ont appris*
*Que rien d'autre*
*Que la vie*
*Nous importe*
*Nous renforce*
*Nous apporte*
*Notre force*

Le seul petit bémol est que la vraie solitude, celle qui dure et où l'on est seul physiquement, n'existe pas : c'est un petit manque, mais toujours recouvert par les plaisirs procurés par notre trio qui, lorsqu'il se désagrège, se reconstitue aussitôt.

Et au mieux l'instant d'après. Le tout se passe donc en toute sérénité, en toute simplicité, et tout naturellement.

Arrivés au gîte, même topo ; chacun vaque à ses occupations : le plus vite possible se doucher chacun son tour, alors que souvent il n'y a qu'une seule douche, faire le point sur l'état de son sac à dos et trier ses affaires à remonter dans la chambre ou le dortoir, le gros du sac restant dans l'entrée, laver son linge, prendre connaissance des lieux …Puis souvent, comme nous arrivons tôt, les étapes étant courtes, nous nous retrouvons pour aller ensemble faire un petit tour du village. En rentrant au gîte, s'il reste encore du temps avant de manger, Jean lit un bouquin, Louis ronge son frein tranquillement ; quant à moi, je relis mes écritures de la journée, les rectifie ou les abonde puis les recopie sur mon petit carnet « crédencialisé ». Nous avons alors à nouveau un petit moment de relative solitude où chacun est retourné pour un instant dans sa petite bulle.

Quand l'heure du repas approche, nous sommes à nouveau ensemble, mais avec : avec l'hôte aussi en cas de demi-pension : il nous sert à manger et souvent partage le repas avec nous, et avec les autres jacquets quand il y en a, ce qui est souvent le cas ; avec seulement les autres jacquets lorsqu'il s'agit d'une cuisine ouverte mise à notre disposition où chacun fait sa petite popote, partageant alors la table, les casseroles, les brûleurs et le micro-ondes dans certain méli-mélo bon-enfant.

Le soir venu, progressivement, les jacquets montent au dortoir, et après quelques derniers petits rangements le plus souvent dans une grande discrétion, les lumières de la journée s'enfoncent dans la nuit et l'endormissement vient éteindre la journée. Re-solitude …collective !

Les journées se passent donc dans cette permanente succession de solitude et de proximité, et c'est bien agréable : tout, chaque situation me comble de contentement. De cette alternance, il n'y a pas d'alternative puisque c'est la vie naturelle du jacquet et que l'organisation de Jean était ainsi faite et l'induisait de facto. Nous aurions pu en effet coucher dans une chambre d'hôte, un hôtel, un camping, ou même comme certains sous la tente, seuls à trois, dans un coin isolé du Chemin ; tel n'avait pas été le choix de Jean et bien lui en avait pris. C'en était particulièrement chouette à tel point que j'envisageais déjà de repartir l'année suivante avec les mêmes deux compères, mais bien sûr sur le tronçon suivant du Chemin.

*Jean, Louis,*
*Sont des gens*
*Qui m'ont tant*
*Ébloui*
*Qu'en entrant*
*Dans leur vie*
*J'ai appris*
*Tout autant*
*Que pendant*
*Une vie.*

*Grâce à eux,*
*Grâce à Jean,*
*À Louis,*
*À eux deux,*
*Je me suis*
*Fait plus grand,*
*Et je rends*
*Grâce à eux.*
*Car depuis*
*Je ressens*
*Du nouveau*
*Dans ma vie.*

La suite des évènements fit que ce ne fut pas le cas. Car l'année suivante, 2020, « l'année du COVID », fut une année blanche, ou plutôt une année noire ! En 2021, Jean avait trouvé qu'il préférait faire le Chemin à deux plutôt qu'à trois ; il décida alors de ne Partir qu'avec Marie-France qui s'était rétablie dans l'entre-temps, et ce malgré la pandémie. Quant à moi, je restais à la maison pour la deuxième année de suite. Il Partit donc avec elle une semaine sauf que le dernier jour, il se trouva bloqué par une hanche récalcitrante, et qui perdure toujours. Quant à Louis, son lymphome, déjà présent en 2019, s'aggrava, nécessitant des examens, des soins et des précautions. Je ne pus prendre mon mal en patience et attendre une année nouvelle sabbatique en espérant cependant rePartir à trois en 2022, si Jean et Louis étaient rétablis et si Jean acceptait à nouveau de Marcher à trois.

Mais le sort en décida autrement, leur état de santé s'était certes stabilisé, mais pas amélioré.

Septembre 2021 : je décide donc de partir seul. Très curieusement, bien que j'aie tout fait durant deux ans pour repartir en groupe, la décision de faire le Chemin seul n'est pas pour moi un dilemme cornélien, un déchirement, et au final une déchirure. Sans doute me suis-je fait progressivement à l'idée que cela devait arriver ; effectivement, je ne suis pas optimiste sur l'évolution de la santé de mes deux camarades. Je me dis que bien que j'eusse apprécié la solitude relative d'un petit groupe, alors pourquoi pas, puisque les évènements sont tels, tester une solitude plus totale en Partant seul. J'ai bien sûr l'espoir et même la certitude que ça va me plaire aussi, autrement mais tout autant, que c'est l'avenir, le passage à l'acte sur le Chemin qui me le dirait mais en fait, j'en ai l'extrême certitude.

Je vais donc Partir seul, sans regret, avec envie, et excitation malgré mes pensées pour Jean et pour Louis. Je vais Partir seul, malgré la méfiance naturelle à se retrouver seul avec soi-même. Pour la pallier, j'ai même pensé un instant embarquer un mini transistor pour écouter de la musique, et aussi pour me tenir au courant des actualités. Vite, j'ai renoncé, surtout pour me couper de ce qui se passe dans le monde et me concentrer sur moi.

De ces sentiments entremêlés mais contradictoires, sont nés des espoirs et un désir vite devenus intenses : encore une nouvelle expérience à l'horizon ! me dis-je.

Certaines personnes autour de moi me disent :
« Mais tu vas t'ennuyer !»

*On ne peut pas tuer l'ennui*
*C'est ce qui se dit*
*Moi l'ennui je ne le tue pas*
*Il n'existe pas*

Ou « Tu n'as pas peur de te perdre ? »

*Il est bon de se perdre*
*Au bon endroit*
*Dans la bonne direction*

Ou : « Et si tu te blesses, si tu as un malaise, si tu es malade… ». Avec autant de « si », on ne Partirait jamais !

*« Si tu penses que l'aventure est dangereuse,*
*essaie plutôt la routine, elle est mortelle ! »*

C'est drôle, mais ces pessimismes me poussent au contraire au contraire : c'est-à-dire de réaliser effectivement mon projet. Et pourtant, je ne suis pas du genre casse-cou ni adepte absolu du risque insensé. De toute façon, malgré ces mises en garde, je suis résolu à le faire, un point c'est tout, na ! Et, comme disait Ovide « Vouloir est peu de choses, il faut désirer pour atteindre un but ». Cette seule pensée requinquerait le jacquet fatigué. C'est décidé, acté, je sais que ce n'est en rien risqué car je suis allé sur le Chemin deux ans plus tôt et j'ai bien vu comment ça se passe.

Reste bien sûr à demander à mon épouse son assentiment. Ce qu'elle fait, sentant certainement poindre éminemment mon désir imminent de Partir, et ayant vécu en 2019 à mon retour l'étendue de mon contentement. Je lui explique bien que je vais organiser et préparer mon parcours de la façon la plus raisonnable, la plus rationnelle, la plus sûre, pour elle ; pas pour moi car je suis déjà convaincu. Les arguments : très bon balisage, présence régulière de jacquets sur le Chemin, nombre important d'hébergements de type différents au choix, possibilité satisfaisante de faire les quelques achats nécessaires, utilisation du portable et d'une application que j'allais m'appliquer à savoir utiliser et qui permet de se situer sur le parcours, ainsi que beaucoup de renseignements divers sur les aspects purement pratiques du trajet notés dans un dossier (mon Miam Miam Dodo perso).

La solitude, avant 2019, c'est quelque chose que je ne connais pas, je n'ai jamais vécu une expérience similaire ; le fait de l'avoir vécue en partie, ça me tente et je tends à vouloir la vivre plus totalement, à la désirer. C'est donc avec l'esprit serein que je pris ma voiture un beau jour de fin d'avril vers cinq heures du matin pour me rendre sur mon lieu de départ qui se révéla, effectivement arrivé, un lieu d'aisance. Où tout bascula certes, mais pas encore entièrement puisque ce premier soir se passa avec plusieurs jacquets dans la cuisine de groupe ; il y avait là un jeune couple, deux Néo-Zélandaises d'environ cinquante ans et un petit groupe de trois personnes : « Tiens ! me disais-je, ça me rappelle quelque chose, 2019 ». Après une journée entière de voiture et donc de solitude, et neuf cents kilomètres parcourus, je me retrouvais comme pour dire en société, à parler de choses et d'autres, de moi, de mon projet, de mon lendemain et de celui des autres : je retrouvais, même dans cette journée, cette fameuse alternance de solitude et de partage vécue deux ans auparavant. Mais qu'en sera-t-il demain ? Je Partais, seul avec moi, et vive la liberté !

### Pour être libre, détache-toi

Je m'apprêtais donc à Partir avec cette phrase de Jean-Jacques Rousseau en pleine tête : « *Ne dépendant que de moi-même, je jouis de toute la liberté dont un homme peut jouir* ».

## Le grand départ, la mise en route, une nouvelle solitude

*« Je voudrais te transmettre le frisson des départs
dans l'allégresse des matins silencieux »*

*Xavier Grall*

### C'est le jour J
### Le grand départ
### C'est Parti
### Un élan m'élance

La nuit a été bonne, j'ai plutôt bien dormi, sans excitation particulière ; en fait à peu près comme d'habitude ; et pourtant nous sommes huit pèlerins dans ce dortoir. Vers trois heures du matin, une petite anecdote m'avait bien amusé, elle allait bien augurer de ma journée : je me lève pour aller aux toilettes situées sur le palier à l'étage en dessous. Il faut donc descendre un vieil escalier dont les marches du milieu grincent ; avant de me coucher, j'avais essayé de voir s'il était possible de trouver une astuce pour que ça ne grince pas : en vain ! Sitôt remonté et couché, une autre personne traverse le dortoir pour en faire autant, puis une troisième, une quatrième, une cinquième et enfin une sixième et dernière, la série s'arrête là ; les deux autres jacquets ont-ils entendu quelque chose, je ne le sais pas. La scène a duré un bon quart d'heure. Six personnes sur huit étaient allées faire pipi, à la queue leu leu !

C'est ce que je leur dis le lendemain matin …avec humour : c'est comme si nous nous étions concertés la veille au soir pour ne déranger qu'une seule fois la chambrée. C'était le « ensemble » et « l'individuel » qui se côtoyaient.

### C'est un début qui n'a de fin
### Que ma faim éperdue

Comme j'ai des étapes plutôt longues, j'ai prévu de ne pas prendre mon petit déjeuner en cuisine, mais …en Marchant. Avant de Partir, je prends quand même un grand verre de jus d'orange, mélangé à 50% d'eau et un yaourt (il y en a dans chaque gîte). Durant la journée, je déjeune vraiment après une heure et demie à deux heures de Marche. À la maison, je déjeune avec des tartines de confiture, un jus de fruit dilué et une banane agrémentée d'un carré de chocolat noir. Ici, je mange deux bananes et quatre carrés de chocolat noir, et ce, tous les jours. C'est ce que je prenais en 2019 et c'était un régime qui m'avait parfaitement réussi. Manger des bananes permet également de pouvoir manger si nécessaire …en Marchant, et ce, facilement, et ainsi de gagner du temps, rattraper le temps soi-disant perdu par le fait de Marcher lentement, temps perdu qui me permet au final de gagner du temps sur le temps.

Dernière chose avant de sortir du gîte : remettre bien en ordre son sac et vérifier que rien ne manque.

### *Sac bouclé*
### *Adieu calendrier*
### *Bonjour liberté*

Je me prépare à Partir et, curieusement, je n'ai pas l'appréhension de la blessure ou d'un pépin physique. Durant les trois mois de ma préparation, je n'avais cessé d'avoir des problèmes avec mon corps. Quelquefois, une douleur aux adducteurs de la jambe gauche, douleur qui apparaissait sans raison et souvent disparaissait tout aussi mystérieusement quelques minutes plus tard. Problème dans le dos qui se contractait en plein milieu en un endroit bien précis pour une raison X et qui disparaissait progressivement, mais pas toujours, quand je mettais mes deux mains sur mes hanches. Idem pour le genou gauche qui me titillait dangereusement côté interne certains jours et pas d'autres. Et surtout, une douleur assez forte, comme des coups d'électricité dans la plante du pied gauche à tel point qu'il m'arrivait de ne quasiment plus pouvoir poser le pied normalement.

Et pourtant pas d'angoisse, je n'y pense même pas : je suis tout focus sur le projet, je m'élance sur le Chemin, et c'est lui qui m'appelle, me réconforte…Il m'avait apaisé, peut-être même déjà soigné ? La suite me dira que oui ! Oui, le miracle a bien eu lieu, puisque tous ces symptômes ont disparu tout au long du Chemin !

Sans savoir que le miracle de Saint Jacques allait se produire, je dis un au revoir aux jacquets présents dans la cuisine ; je ne vois pas les deux néo-zélandaises, ni le jeune couple, juste une partie du trio, avant de m'élancer pour de bon : la porte qui s'ouvre est un vrai sésame.

*Le plus long voyage a toujours commencé par un premier pas*

Me voilà Parti. Réellement, bellement.

**Le frais du matin**
**Le vrai du Chemin**
**Je vais dans la chaleur de mon cœur**

**C'est le premier pas**
**La première heure**
**Déjà en émoi**

Sorti du village, à l'entrée du premier Chemin, mon premier Chemin, il y a un panneau « Chemin de Compostelle » accompagné de sa coquille. Je sors alors mon téléphone pour me prendre en photo en selfie avec en arrière-plan le panneau et la coquille. Pour ce faire, je me retourne, je fais mes réglages, j'essaie de tout cadrer, il me faut immortaliser ce moment particulier ! Mais voilà que je vois à cent cinquante mètres les deux Néo-Zélandaises arriver vers moi. Elles étaient sorties du gîte assez tôt pour aller faire un tour du village avant le vrai départ de leur étape. Du coup, je les attends et je leur demande de me prendre en photo afin d'être sûr qu'elle soit réussie, mais sans d'autre but. D'autant que sur un selfie, ce qui est écrit derrière soi apparait à l'envers sur la photo. Photo est prise et même plusieurs, avec le panneau bien écrit à l'endroit, et nous voilà Partis à trois sur les premiers hectomètres du jour …et du périple ; ça commence bien, me dis-je. Nous discutons de concert de choses et d'autres dans mon anglais branlant mais suffisant pour me faire comprendre.

***Le départ est arrivé***
***Vers l'arrivée je pars***
***Du but je m'empare***

Cela se fait à leur allure, une bonne allure, elles ont fière allure. Elles marchent, je pense, à environ cinq à l'heure. Tout en discutant, je me rends bien compte que je vais bien plus vite que je ne le voulais, et je me demande combien de temps je vais perdurer ainsi : rester encore avec elles et prolonger ce bel instant qui de toute façon, je le sais, ne durera pas beaucoup plus puisque je vais et dois ralentir tantôt. Mais quand ? En restant, est-ce que je m'impose ou pas ? Marchent-elles à cette allure pour me dissuader de les accompagner trop longtemps ? Ou parce qu'elles aussi veulent Marcher seules ? Et je me pose la même question : quelle est pour moi la bonne dose de relationnel par rapport à ma dose de solitude, celle que je recherche essentiellement.

C'est bien sympa tout ça, mais où se trouve le bon équilibre, le juste milieu ? Pas au milieu, ça c'est sûr car il me faut une bonne dose de solitude mélangée à un peu d'échanges, et ça me fera un bon cocktail, me dis-je. Mais est-ce 90/10 ou 80/20 ou 95/5 ou … ?

Finalement, au bout d'une petite dizaine de minutes, dose que je juge homéopathique mais sympathique, je décide finalement de leur lâcher prise afin de moi-même lâcher prise, ainsi décision est prise. Adieu chères dames, je vous ai adorées.

*Seul au monde*
*Branché sur moi*
*Sur mes propres ondes*

Je Marche ainsi quelques heures ne rencontrant personne, imprégné du paysage enchanteur bercé par une petite rivière qui emmousse les murets et toute la végétation, je suis baigné par mon propre rêve.

*Matin enchanté*
*Je me suis lancé*
*Maintenant élancé*
*Rien ne m'arrête*
*Et quand je m'arrête*
*C'est pour mieux me relancer*

*Ne voir personne à l'extérieur*
*Que ma propre personne à l'intérieur*

*Personne au loin*
*Personne derrière au loin*
*Je suis mon seul témoin*

Je Marche enfin Seul, avec un grand S, mais avec en filigrane les deux néo-zélandaises, plus exactement avec les conversations que j'ai pu avoir avec elles.

*Je suis seul*
*Seul au monde*
*Dans un monde intérieur*

J'ai l'impression alors que le fait de Marcher lentement accentue encore cette impression de simple plénitude expurgée de tout parasite.

*De la Marche en soliste*
*Je m'enrichis, c'était mon choix*
*Démarche égoïste ?*
*Je ne pense plus qu'à moi*

J'ai le temps de prendre toutes les photos que je veux, d'y prendre vraiment mon temps : pas du temps perdu, du temps gagnant ; le temps de les cadrer d'en faire plusieurs sous plusieurs angles. J'ai le temps de filmer le paysage tout en y Cheminant en cet univers incroyable dégoulinant de mousses, je me crois en Amérique du Sud.

*Parcourant le Chemin*
*Tout de verts revêtu,*
*Le causse n'est rien*
*Qu'un summum absolu.*
*Sur les murets les mousses*
*Ont pris le dessus*
*Au fil du temps, en douce.*

*Non je ne Marche pas,*
*Je nage dans les verts ;*
*Non je ne vole pas,*
*Je vole dans les verts.*
*Dans le causse, solitaire,*
*L'intérieur j'ai trouvé ;*
*Je me suis mis au vert,*
*Je me suis retrouvé.*
*Au sortir du Chemin,*
*J'étais à découvert ;*
*Mon âme et son destin*
*J'avais découvert.*

Ne pas avoir de compagnon à côté de moi, manifestement, me conjugue avec cet environnement magnifique et sauvage et j'ai l'impression d'en faire partie intégrante. Seul, je me sens vraiment en communion avec la nature.

Il y a elle, il y a moi.

*Dans la solitude profonde,*
*Dans la nature si féconde,*
*Jusqu'à s'y confondre*
*Je viens me fondre*

Pendant toute la matinée, j'espère ne plus voir personne ; et pourtant ma première rencontre m'a été fort plaisante.

*Je suis seul*
*Inespéré !*
*Seul avec mon silence*
*Et des autres l'absence*

*De kilomètre en kilomètre*
*Je deviens maître de mon intériorité*

Vers douze heures trente, je commence à chercher un bon et bel endroit pour piqueniquer, mais il y a peu d'endroits propices, et en attendant de trouver, toujours personne à l'horizon. L'impatience de pouvoir manger est effacée par cette absence de tout autre, alors, je me dis « tant que ça dure comme ça ! »

*Zéro pèlerin sur le Chemin*
*Ce n'est rien*
*Seul aussi je suis bien*

*Pas de tweet*
*Et pas d'ordi*
*Pas de musique*
*Et pas d'ordi*
*Je suis seul*
*D'aise espérée*

À un moment, le Chemin passe de l'autre côté de la petite rivière à l'endroit où une petite cascade s'égaie ; je prends le pont, et j'aperçois, en train de manger un simple sandwich, Jacques et Claire, le jeune couple qui était avec moi hier soir à table. Je suis content de les revoir. C'eût été d'autres personnes, je suppose que j'aurais été content aussi, mais c'est quand même différent de rencontrer des gens qu'on a déjà vus et avec lesquels on a déjà quelque peu échangé, même superficiellement. Et qu'on avait appréciés.

***Bruissement de l'eau***
***Grosse discute avec Jacques***
***Claire cascatelle***

L'après-midi se déroule comme la matinée, je ne vois plus personne, ni Adam ni Ève, hormis deux enfants sur un pont en train de pêcher, leur père un peu en retrait, de l'autre côté du pont, qui leur prodiguait des conseils et les rudiments de la pêche.

Le temps de trouver le gîte, et l'étape se termine : j'y ai trouvé ce que je cherchais, je l'ai goûté, savouré, dévoré, adoré.

***Je découvre le Chemin***
***Au fil de mes pas***
***Je découvre de mon âme***
***Des coins que je ne connaissais pas***

C'est avec une certaine ataraxie et une paix intérieure que je vais sonner chez Tony, mon premier hôte après cette journée idéale telle que je l'avais rêvée.

***La solitude n'est pas naturelle***
***C'est pour cela qu'il faut la rechercher***

Je peux dire qu'aujourd'hui j'ai pu faire la différence entre l'intemporel du périple où le temps compte peu, et le banal du quotidien où la cohabitation avec le conjoint, les amis, la famille, les tracasseries et les obligations journalières n'est pas toujours facile.

*Solitude absolue*
*Pas le conjoint, pas l'ami*
*Pas un mot pas un cri*
*C'est le Chemin ici*
*Pas la rue !*

Aurai-je pour autant, au retour au bercail, l'envie de finir seul ma vie ? Oh que non ! Oh que nenni ! Car l'homme n'est-il pas d'abord un « animal social ». Moi aussi.

# La rencontre

L'homme n'est-il pas plutôt fait pour la rencontre, le dialogue, l'échange ? L'Homme peut-il rester seul ? Peut-il vivre seul ?

Physiquement, ce doit être possible, pour se nourrir particulièrement. Dans les temps préhistoriques, c'était bien le cas ; sauf que l'espérance de vie était très faible. Sauf que même à cette époque, les hommes, dans leurs occupations journalières, étaient quand même amenés à en rencontrer d'autres. Même que finalement, ils trouvaient intérêt à vivre en synergie à défaut de symbiose. Il y avait des intérêts personnels qui se confrontaient à des intérêts collectifs ; et c'est d'ailleurs toujours le cas à l'heure actuelle. L'entraide, la solidarité devant les adversités multiples étaient les bienvenues.

Comment dès lors passer toute une vie tout seul sans ne jamais voir personne ?

La solitude totale et permanente, me semble impossible en plus de ne pas être souhaitable. C'est pourquoi l'Homme est devenu un « animal social ».

La rencontre s'avère inéluctable et globalement fructueuse ; même si elle comporte certes des inconvénients car elle suppose la confrontation avec une autre personne, une autre personnalité, ça peut faire TILT comme ça peut fait CRACK.

*Rencontrer, c'est se confronter*
*Entrevoir, perdre de vue*
*En prendre plein la vue*
*Échanger les points de vue*
*Discourir, palabrer*
*Mais en jouir, s'en pénétrer*

À chacun d'en tirer le meilleur et de faire en sorte qu'elle soit et utile et agréable.

*La Rencontre, je ne suis pas contre,*
*Par contre la solitude*
*Ne peut être une habitude*

Quant à moi, en voulant Marcher seul sur un Chemin si fréquenté, je ne me mettais pas pour autant une épine dans le pied. Cette antilogie apparente était pourtant aussi équilibrée que possible par rapport à ce que j'espérais. Si j'avais voulu vivre une expérience autre, celle d'une solitude absolue, je serais allé vers le pôle Nord, j'aurais traversé l'Atlantique à la rame, ou j'aurais séjourné trois mois je ne sais où avec les phoques et les pingouins !

On a tous besoin de contact, de relationnel, mais on a besoin aussi d'un minimum de solitude comme l'on garde chez soi un petit jardin secret ; c'est une question de dosage personnel propre à chacun. Par contre, en faire une cure comme je l'ai fait, ce n'est pas donné à tout le monde et je me sens un peu privilégié de pouvoir physiquement le faire ; le faire en ayant l'agrément de mon épouse, et d'en avoir le temps vu que je suis à la retraite.

Dès lors bien évidemment, durant ce périple, j'ai eu beaucoup d'occasions de rencontrer, essentiellement des jacquets, mais aussi les hébergeurs, souvent jacquets ou ex jacquets eux-mêmes, ainsi que quelques quidams de ci de là. Beaucoup de rencontres, mais pas trop, juste assez pour me montrer heureux et comblé. Ce fameux dosage, je me le crée au fur et à mesure car il m'arrive parfois de vouloir rester seul et d'éviter un contact possible. Il m'est arrivé une fois de savoir que quelqu'un était derrière moi assez loin, et d'accélérer le pas pour qu'il ne me rattrape pas ; j'étais assez près de la fin de l'étape, et je voulais la finir seul ; je pense que ce jour-là, j'avais eu ma « dose d'échanges » ! À l'opposé, il est arrivé que je force un peu le destin en faisant ce qu'il faut pour enclencher la rencontre.

Bien sûr, quand je parle de rencontre, il ne s'agit pas juste de croiser quelqu'un sur le Chemin ou dans un couloir du gîte, de se faire dépasser par quelqu'un qui Marche à toute allure et qui dit un bonjour poli ou le fameux « Buen Camino » puis qui vous quitte à toute allure. Il y a bien rencontre et rencontre mais je dis que dans une rencontre vraie, chacun « se rend » vers l'autre, se rend contre l'autre ; que la rencontre dont je rends compte est un tout sauf un échange furtif à la va-vite, mais qui dure un peu, beaucoup, et passionnément. Un échange où l'on sent immédiatement qu'il y a des atomes crochus entre deux personnes qui ne se connaissent pas et qui « accrochent » d'emblée, qu'une sympathie voire une empathie, immédiate réunit. Un échange où l'on sent tout de suite qu'il va se passer quelque chose, et que la passion pour le Chemin va fusionner ces deux identités pour un moment momentané mêlée d'intensité, embellie de légèreté. On appelle ça le « feeling » ; il se perçoit très vite et perdure bien longtemps. Les gens que l'on rencontre sont comme nous, ils sont en quelque sorte et quelque part comme un miroir de nous-mêmes.

### *La vraie rencontre est une rencontre vraie*

*Mes belles rencontres*
*Savez-vous combien je vous aime ?*
*Non ?*
*À l'extrême*

Voici dix exemples de mes plus belles rencontres, anodines ou pas au départ, celles qui m'ont le plus marqué, le plus touché, qui laissent des traces longtemps ou pas. Des rencontres comme des coups de foudre.

### 1 : Annie, l'isolée

Un jour, juste à la sortie de Labastide-Murat, je vois un chien noir tout gentil s'éloigner de sa maison (posée juste au bord du Chemin) où il siégeait pour venir tout calmement vers moi ; c'est la toute première rencontre de cette journée, après quelques kilomètres. J'en profite pour faire un premier petit mini break et je caresse le chien tout doucement. Bien vite sort de sa maison Annie, petite dame un peu rabougrie, elle doit avoir entre 80 et 90 ans ; la conversation s'engage, dure, se prolonge. Comme la maison est particulièrement isolée (géographiquement parlant !), je lui pose quelques questions sur sa vie en solitaire, cela m'intéresse ; elle semble contente de répondre à ma petite interview ; sûrement que ça lui fait, elle aussi, plaisir de briser un instant sa Solitude effective, journalière, sa solitude de vie, que ma sollicitude la touche. Je pense que peu de jacquets ont l'occasion de lui parler, soit par manque d'intérêt, soit par manque de temps, et surtout qu'elle ne doit pas beaucoup sortir de chez elle.

C'est non seulement une rencontre agréable, mais aussi utile car instructive. Annie a vraisemblablement apprécié mon intérêt et ma sympathie pour elle... et pour son chien.

*Annie aime la causette*
*La causette pas l'ennui*
*Et moi aussi*

**2 : Suzette, la pipelette**

Sur une autre étape, là aussi assez vite dans la journée, au bout de six kilomètres, plus précisément dans le premier village traversé, un hameau plus qu'un village, c'est le bon moment pour faire un petit stop, et de toute façon j'aime bien faire le tour de chaque village traversé : il y a toujours quelque chose à voir, à apprécier. Il n'y a que quelques maisons resserrées autour de l'église et deux ou trois mini ruelles. Comme j'essaie de le faire chaque fois, je vais à l'église en espérant qu'elle soit ouverte, non pas pour y prier (je suis athée), mais pour dire d'y jeter un coup d'œil, en « touriste » : elle est fermée, comme souvent. Faisant alors demi-tour, je vois une petite dame d'un certain âge sortir de sa maison située à huit-dix mètres ; elle vient à ma rencontre. De sa fenêtre, elle m'avait vu essayer de rentrer dans l'église, et voilà qu'elle vient à moi avec une grande clé pour me l'ouvrir. Ou plutôt pour me la faire visiter, me la commenter, me la faire découvrir comme s'il s'agissait d'une des sept Merveilles du Monde. Suzette met les bouchées doubles pour tout m'expliquer dans les moindres détails, se perdant en de multiples explications. C'en eût été lassant si ce n'est que, outre le contenu de ses propos, je me délecte de la voir se délecter à me faire visiter non pas l'église, mais son église.

J'imagine aussi sa solitude dans ce village, plus que tout autre désert, déserté, désertique ; Solitude qu'elle rompt de son propre chef et je me mets quelque peu à sa place. Elle profite de moi, de ma présence, pour passer un moment agréable et tout simplement, parler de religiosité. Quant à moi, je profite d'elle pour passer un moment agréable et tout simplement parler avec quelqu'un, et vivre un peu ce qu'il vit. D'un côté une rencontre voulue, et de l'autre une rencontre fortuite ; et des deux côtés un même plaisir.

Cette visite d'église, je la prends comme… un don du ciel.

*J'ai rencontré Suzette*
*Elle est venue vers moi*
*C'est une pipelette*
*Moi j'ai aimé ça*

Avant de la quitter, je la questionne un peu sur sa vie au village : il se vide à vitesse grand V ; il y a certes encore trois cents habitants, mais essentiellement disséminés dans des … hameaux, le « grand centre » où elle habite n'en compte plus qu'une petite trentaine ! Pauvre Suzette qui s'en lamente sans pleurnicher, mais moi je pleure intérieurement à sa place. Elle me dit que de toute façon, elle veut rester au village, c'est sa volonté.

Mais il faut bien se quitter, sur cette note désolante, en lui faisant des grands signes de reconnaissance, de sympathie, presque d'amitié ; je vois à son allure, même de loin, qu'elle est très contente à défaut d'être réellement joyeuse.

Durant la visite, j'avais posé ma cape (il pleuvait depuis le début de la journée), sur une chaise, et en partant, avec l'euphorie qui coulait en moi et ma propension à être distrait, je l'avais laissée dans l'église de Suzette ! En reprenant ma route, comme il s'était arrêté de pleuvoir, je ne m'en étais pas rendu compte : je n'en avais pas eu besoin. Ce n'est qu'après trois à quatre kilomètres que je m'en aperçois. Pour retourner au village de Suzette, il me faut remonter une très longue côte très pentue de deux kilomètres. Que vais-je faire ?

Curieusement, je ne m'en sens pas vraiment le courage. Je m'arrête un bon moment, me posant la question quand… une voiture arrive devant moi et se dirigeant vers Suzette et son village ! ; d'instinct, ou presque, je lui fais signe de s'arrêter et, miracle, elle s'arrête ! Ce sont des anglais en vacances dans le coin. Chouette ! Je monte à l'arrière de la voiture dans un capharnaüm indescriptible dont je me demande bien le pourquoi, et me voilà reparti au village. Arrivé aux premières maisons, les anglais me déposent et je me rends chez Suzette : petit village, donc petite marche de cinquante mètres pour y arriver ; je sonne chez elle : elle avait récupéré ma cape, mais trop tard, elle n'avait pas pu m'appeler, trop loin j'étais. Comme deux vieux larrons nous rigolons un bon coup de ce coup du sort, « De ce coup du bon Dieu » me répond-elle.

Soit ! Sacrée Suzette !

## 3 : Christophe, le doux philosophe

Sur la variante dite du Célé, plus que charmante, voire spectaculaire, le Célé étant une rivière qui se jette, sans agressivité aucune, dans le Lot entre Saint-Cirq-Lapopie et Cahors, je croise Christophe, un bel homme, élégant, de mon âge je suppose, et qui va, lui, jusque Compostelle, contrairement à moi.

C'est une étape que je fais à l'envers pour diverses raisons, en particulier parce que je l'avais faite en 2019 dans le sens habituel Le Puy-Compostelle et que je l'avais beaucoup appréciée, et même adorée. J'avais donc prévu de la faire dans l'autre sens, ce qui me faisait faire quelques détours en dehors du vrai Chemin.

Christophe est un homme d'une gentillesse et d'une douceur remarquables, et ça se voit d'entrée comme les yeux au milieu de la tête.

***Il Marche jusque Compostelle***
***C'est une belle démarche***
***Christophe a dans les yeux***
***Un regard lumineux***

Et pourtant, il porte des lunettes de soleil, pas très foncées certes, mais je ne vois pas vraiment ses yeux, je les devine ; à travers son langage, son oralité, à travers son langage corporel, je les imagine plein d'une douceur puissante et aussi sereine que sa force intérieure.

Peu de temps avant, j'avais remarqué sur mon appli qu'il y a une possibilité de sortir du GR65 sur cinq kilomètres, et au moment de faire le choix, j'avais improvisé et décidé de prendre cette variante de la variante… et c'est sur ce tronçon que nous nous Rencontrons. Quel heureux hasard ! Sur le GR65, je n'aurais jamais connu Christophe ! Nous restons sur ce bout de chemin étroit et intime à discuter bien longtemps.

Il se trouve bien content de voir quelqu'un car il est un peu perdu sur ce tronçon non répertorié. Déjà, croiser un jacquet qui tourne le dos à Compostelle et « se trompe de sens », pense-t-il, ce n'est pas banal, mais en plus je peux lui être utile, quelle chance !

C'est donc lui qui vient m'aborder pour me demander où il en est sur le parcours et comment continuer pour rattraper le GR ; je suis la bonne personne puisque là où il va, c'est là d'où je viens ; ça tombe bien aussi parce que j'ai eu du mal à sortir du hameau précédent et que deux kilomètres encore avant j'ai eu quelques problèmes d'orientation en raison d'un balisage imparfait. Je peux donc lui donner tous ces renseignements utiles. Puis nous parlons de choses et d'autres ; nous sommes cools et non seulement nous avons le temps, mais de plus nous prenons le temps, bref, nous goûtons le temps.

*À chaque instant*
*Je prends le temps*
*D'habitude*
*C'est le temps qui me prend*

Je resterais bien plus longtemps avec lui pour philosopher. Je resterais bien plus longtemps encore en compagnie de sa compagnie et de tant de gentillesse ; que cet homme est doux ! mais il faut bien se quitter : que de regrets qu'il faille se séparer ! Pense t'il la même chose ? Je me dis que si tel est le cas, c'est que je suis peut-être comme lui : gentil et doux ! ! ! pourvu qu'il pense la même chose ! (lol !)

Nous nous séparons : chacun son chemin !

En se quittant, il me dit : « Bon courage » ; il me dit ça, à moi, alors que lui va Marcher des semaines et des semaines jusque tout là-bas et que, bien modestement, je ne Marche que sur une petite portion, toute proportion gardée, du Chemin.

Je lui réponds : « Ne me souhaite pas bon courage, mais plutôt bon plaisir. »

Christophe aura illuminé toute la fin de mon après-midi : merci Christophe.

Même en cherchant bien, je ne connais pas d'homme comme toi.

Tu es un bel homme, mais surtout une belle personne.

Tant que le plaisir est là, le courage s'efface de lui-même et l'effort devient naturel.

Et comme l'effort rend fort…

## 4 : Marie et Kim les belles belges

Le même jour, mais un peu plus loin, je rencontre Marie et Kim, mère et fille ; Marie la mère et Kim sa fille, la trentaine, très jolie par ailleurs : c'est pas beau ça ! me dis-je. En même temps, celle-là, je l'ai bien cherchée (cette rencontre, lol). Oui car c'est moi qui l'ai initiée, et non pas parce que Kim est très belle, mais parce qu'elle tombe à un moment où j'y suis enclin.

En effet, je suis sous le charme… d'un magnifique arbre. Dans une longue descente assez rectiligne vers la vallée du Célé, je vois un lilas majestueux dans un grand jardin d'une villa hyper isolée. Je m'arrête donc pour le prendre en photo sous toutes les coutures, de près, de loin, de côté etc… je trouve ce lilas particulièrement remarquable, essentiellement par ses dimensions, mais aussi par sa forme générale. Je remets mon appareil photo dans ma banane (petite sacoche mise en ceinture) : me voilà reParti. J'avance une centaine de mètres quand je vois arriver Kim et sa mère, bon pied bon œil, et qui ont l'air de monter la côte d'un pas alerte pour ne pas dire pressé. Je les aborde quand même pour leur signaler la présence de cet arbre cent mètres plus haut : « À cent mètres à peu près, sur votre gauche, regardez bien, il est assez en retrait. » Autant que la rencontre elle-même, que je souhaite, je veux faire partager le plaisir que j'ai eu à le contempler. La conversation est belle et bien enclenchée. Je ne me souviens de pas grand-chose de notre discussion, ce dont je me souviens, c'est qu'elles sont belges, mère et fille et que Kim est très…jolie. Serais-je sous son charme ? Remarquez, sa mère était pas mal non plus ! (lol), et c'est surtout avec elle que je discute ; Kim se montre plus discrète, peut-être plus sauvage ? Dans ma tête, je pensais à Kim Wilde, mais je n'ose pas lui faire ce jeu de mots à moins de deux balles.

*Le Chemin crée des liens*
*Avec les autres, avec soi*
*Et ça fait du bien chaque fois*

Bien qu'en les ayant vu arriver, je les trouvais speed, les échanges durent un bon moment, et au fur et à mesure je sens chez elles comme un calme qu'elles n'avaient pas au début. Je discute beaucoup du rapport mère/fille pendant le périple où il faut partager le temps tout le temps, presque vingt-quatre heures sur vingt-quatre. Et c'est très intéressant.

Je suis amené à leur parler des haïkus que j'écris quasiment en marchant, et je leur en lis deux ou trois griffonnés et écrits en tout petit sur des tout petits rectangles de carton insérés dans la coque de mon portable, et pour elles, c'est intéressant... et original.

Dans les kilomètres qui suivent, je pense à elles (pas seulement à Kim, lol), et j'imagine alors comment se passe le reste de leur journée une fois arrivées sur lieu de couchage, quand un semblant de vie habituelle se réinstalle jusqu'à la fin de soirée et l'heure d'aller se coucher. J'imagine tout en Marchant les magnifiques rapports qui doivent exister entre elles, mais aussi les quelques accrochages qui peuvent arriver malgré tout (dont elles m'ont touché deux mots), et j'imagine comment alors elles se rabibochent.

Et je ne m'imagine pas une seule seconde que j'aurais pu vivre ça avec ma propre mère !

Bon vent Kim, bon vent Marie.

## 5 : Claire et Jacques de la clairière

Jacques et Claire, c'est un joli couple. Ils sont jeunes, tout frais et tout calmes, discrets mais parlants. Avant de commencer le repas du soir, ils se signent en dessinant la croix sur leur visage et leur torse ; s'ils avaient eu une baguette, sûrement qu'ils auraient fait aussi le signe de la croix sur le dessous avec un couteau.

Je n'avais plus assisté à cette scène depuis mon enfance ; mes parents ne se signaient pas mais le faisaient sous le pain de 700 grammes. J'ai été en effet élevé dans la religion catholique mais j'en suis éloigné au sortir de l'adolescence.

Ce soir-là, les voyant se signer à table, discrètement, comme un naturel, je replonge dans une partie de ma prime enfance, et je me trouve assez stupéfait mais respectueux ; même plus que respectueux : admiratif ou quelque chose comme ça et que je ne saurais exactement décrire. C'eut été un couple d'un certain âge voire d'un âge certain, cela m'aurait déjà étonné, mais là des jeunes ! Bêtement, j'ai envie de leur dire chapeau, mais ce serait déplacé et surtout sans sens.

Pour moi en tout cas, c'est un bon signe : ce sont certainement deux personnes de qualité et aux belles valeurs. Lors de ce repas, je n'ai pas beaucoup pas l'occasion de dialoguer avec eux bien que j'en ai envie, nous mangeons chacun de notre côté en bout de table. La connexion ne se fait donc pas, d'autant qu'ils sont assis l'un en face de l'autre, les yeux dans les yeux, non pas l'air amoureux, mais l'air « bien ensemble ».

Le lendemain, avant de quitter le gîte, je n'ai pas l'occasion de les revoir ; sûrement qu'ils ne se lèvent pas tôt parce qu'ils Marchent plutôt vite et que leur étape est relativement courte. Je Marche pourtant toute la matinée sans même penser à eux. Voilà qu'après un joli virage à droite enjambant une jolie rivière sur un minuscule pont, se dessine une jolie clairière occupée en plein centre par un fort joli couple que je trouve en train de manger un sandwich, chacun sur son rocher. C'est bien sûr Jacques et Claire comme un éclair dans une matinée en solitaire.

***Une petite clairière
Une grosse discute avec Jacques
Une claire cascatelle***

On se dit quelques mots banals et, ne voulant pas m'imposer et perturber leur intimité (que j'imagine grande), je m'installe quelques mètres derrière eux sur un autre gros rocher et m'adosse à un gros tronc d'arbre bienvenu. Ils étaient arrivés un peu avant moi. Le temps passant, assez vite une discussion démarre, lentement, anodine puis elle continue bien longtemps, palpitante, et, par un certain côté, étonnante ; une discussion sur un sujet bien particulier que je n'ai jamais osé aborder avec quiconque de peur d'une fâcherie. J'ai bien une amie très croyante et tolérante mais avec qui pourtant je n'en ai jamais parlé.

Car en effet, nous commençons à parler de… religion ! Et plus exactement de la prière : son pourquoi et son comment, son rôle et son « efficacité ». C'est surtout Jacques qui parle, qui explique, qui détaille, qui précise. Sur un tel sujet, c'est fabuleux. Avoir une discussion, sur ce sujet, dans cette clairière, dans la plus grande sérénité, c'est miraculeux. Jacques prend à cœur, prend le temps, prend le sujet à bras le corps, avec beaucoup de patience et de… pédagogie dirais-je ; et surtout sans aucun prosélytisme. Comment le sujet est-il venu sur la table, sur le rocher, je ne le sais plus, mais c'est forcément moi qui l'ai initié ; le signe de croix d'hier au repas a dû me revenir dans la tête en boomerang. Quant à Claire, elle reste muette, écoute et acquiesce de la tête. Jacques me dit que la prière est nécessaire pour lui-même et qu'il avait même fait l'expérience de ne plus prier pendant un mois pour voir ce que ça lui ferait : il sentait alors que sa foi s'étiolait et qu'elle avait remonté dès qu'il avait repris la prière. En moi-même, je me dis qu'il y a là un phénomène d'auto-persuasion, mais je n'en dis rien. La discussion se passe ici, dans cette clairière près de l'eau et d'une claire cascatelle apaisante, de façon tranquille comme si l'on parlait de la pluie et du beau temps.

Au vu de cette ambiance détendue mais on ne peut plus sérieuse, j'entrevois dans cette éclaircie l'occasion de poser les deux questions qui m'interrogent depuis toujours. Sans en avoir peur, je me lance dans la première, je verrai bien si je pourrai poser la deuxième ; « Comment peut-on croire en des choses improbables voire impossibles ?

Comme la multiplication des pains, une vierge qui a un enfant, la mer Rouge qui s'ouvre en deux pour laisser passer Moïse… ?» C'est Jacques qui me répond avec un calme étonnant : aucune réaction et aucun rictus n'apparaît sur son visage, ni sur celui de Claire restée sombre. En résumé, Jacques me dit sans faiblir que ça « l'arrange » de croire en tout cela, qu'il peut y avoir des explications scientifiques, que de toute façon : « Dieu existe, comment en serait-il autrement ? »

Il s'agit, dit-il, d'une conciliation intérieure entre la science et la foi.

Vu tant de franchise et surtout de tolérance envers mon scepticisme, je me lance dans ma deuxième question qui est plus une remarque : « Les pires guerres sont les guerres de religion, et encore maintenant. » Même réaction de Jacques, ou plus exactement non réaction : il acquiesce mais me dit que ce n'est pas pour ça que Dieu n'existe pas, et que ces guerres et tout le reste, c'est juste bien dommage ; que l'homme, même croyant, n'est pas parfait etc… », le tout dit toujours aussi calmement.

J'admire Jacques pour sa franchise, son honnêteté, sa clairvoyance, son impartialité, sa tolérance, son calme, sa…, et j'en viens à lui expliquer pourquoi je ne crois pas, pourquoi je ne crois plus. Je me lance dans cette explication parce que je sais que ça va bien se passer, qu'il va m'écouter, qu'il va m'entendre, voire me comprendre. Je lui invoque deux raisons :

1/ Quelqu'un de catholique ne doit pas répandre le mal ; cela me paraît antinomique ; et de lui expliquer que mes parents étaient très catholiques, mais que mon père me frappait, m'humiliait, que j'étais en somme un enfant battu bien qu'il y ait bien pire que moi. Je lui explique que c'est peut-être cela qui m'a poussé à me poser des questions, ajouté à ces violences que la religion peut déchaîner à travers le monde.

2/ Toutes ces choses qui choquaient mon esprit cartésien (la mer Rouge, les petits pains à volonté…).

Quand je dis que mon père me frappait, je sens chez Jacques de la compréhension, comme s'il découvrait quelque chose, et de l'empathie pour moi. Je le vois comprendre, compatir, admettre, assimiler mes dires mais sans médire le moins du monde.

Jacques, ta tolérance a autant de force que ta foi.

Une matinée entière de solitude, c'était déjà génial ! Cette demi-heure pleine de sollicitude, c'est encore plus génial.

Reste à finir la journée de façon tout aussi savoureuse. Pour ce faire, et me donner une chance en plus de Marcher seul, je les laisse finir leur piquenique et j'attends qu'ils lèvent le camp (et pas qu'ils fichent le camp ! lol), prolongeant encore cet instant sympathique. Sinon, Partis après moi, ils finiraient par me rattraper et par me doubler, ce que, bizarrement, je ne veux pas ; non pas que je sois vexé qu'ils me doublent, mais je préfère garder ce moment tel quel pour qu'il reste unique. Et c'est ce qui s'est passé. Sauf que… en arrivant dans le village et en cherchant mon gîte, je retombe sur eux ; mais au lieu de la déception de les revoir, c'est de la vraie joie car si je les revois là, c'est que ma Marche de la journée est finie : je suis au village, et je sais que je rentre alors dans un autre univers plus conventionnel. Ils n'ont pas encore cherché leur gîte : la première chose qu'ils veulent faire en arrivant, c'est d'aller faire une prière à l'église ; comme j'ai fait déjà le tour du village et que je l'ai visitée, je leur donne les explications pour y aller. Voilà qu'ils me disent aussitôt : « On fera une prière pour toi. » J'en ai presque les larmes aux yeux. Je me rends à mon gîte le cœur et joyeux, attendri et serré.

Trois mois plus tard, j'ai raconté cette anecdote à ma sœur, et au moment de conclure, j'ai dû m'interrompre, ma gorge se figeait, les larmes me venaient, et ce, à ma grande surprise, je ne m'attendais surtout pas à cela ! Ma sœur et son mari étaient là, interdits devant tant d'émotion ; je me repris après une bonne vingtaine de secondes pour arriver juste à écorcher littéralement cette dernière phrase « On fera une prière pour toi ». Je partis alors dans la salle de bains pour sécher mes larmes et en revenant, je n'étais même pas sûr que mes interlocuteurs aient bien compris la chute de l'histoire. Histoire qui n'aura pas de fin : je l'aurai dans la tête jusqu'au bout de mes jours !

Jacques et Claire, Ciel ! que vous êtes magnifiques !

## 6 : Six filles en folie à Saint-Cirq-Lapopie

Arrivée en fanfare à Saint-Cirq-Lapopie par une énorme côte qui nous éloigne du Lot que je longeais depuis pas mal de temps. Dès le dernier mètre de cette montée en sous-bois, me voilà plongé dans un autre monde. Le choc est réellement saisissant comme si on arrivait sur la lune, comme si on m'ouvrait la caverne d'Ali Baba, comme si on me parachutait devant Abou Simbel, comme si…

D'autant que le village est un des plus beaux villages de France, appellation ici loin d'être usurpée. D'autant que durant l'étape je n'ai vu que quelques maisons et pas de vrai village. Encore un mètre à faire et j'aperçois sur ma droite en contre-haut une jolie terrasse de café, et me voilà en train de siroter un diabolo menthe, ma boisson préférée en temps d'été. Le contraste est total entre la solitude du Chemin et la cohue de la cité, entre la pleine nature et la cité couverte de boutiques, entre l'aventure en solitaire et le tourisme de masse. Malgré tout, je prends un peu de temps en terrasse, le monde me surprend certes mais la cité est tellement belle, tellement réputée, que je me sens en état de privilège de m'y trouver ; et puis cette côte d'arrivée encore un peu dans mes jambes ! En même temps, j'observe toute cette animation avec du recul puisque la terrasse se trouve à l'extrémité de la place principale, large et spacieuse, je compare avec objectivité le déroulé de ma journée avec ce bouillonnement subit, et je m'en délecte. C'est d'autre part la première fois que, depuis le début de mon périple, je me trouve en situation d'affluence, je me retrouve un peu comme dans la vie antérieure, ma vie quotidienne de semi-citadin.

Je me mets en quête de trouver le gîte où j'ai réservé la demi-pension, et qui fait restaurant également ; tout y est calme, et même désert ; et ça fait drôle ! Quelqu'un finit par m'accueillir. Je prends possession de mon couchage et je ne vois toujours personne. Je trouve étrange ce calme en cette gentille effervescence du village, calme prémonitoire avant la ...tempête ! (Je le saurai après). Tant pis tant mieux me dis-je, c'est comme ça ! Bizarre quand même qu'un endroit si connu des touristes comme des randonneurs et des pèlerins soit rempli ici d'autant de vide !

Vers 19 heures, je descends et me rends au restaurant ; on me dit qu'il y a une salle réservée aux pèlerins et j'entends petit à petit une sorte de brouhaha monstrueux, de vacarme indescriptible ponctué d'éclats de rire épouvantables. J'entre, ombrageux et pessimiste, dans la salle : il y a plusieurs tables de six mais seule celle du fond est occupée : six filles y sont attablées, les autres tables sont vides. Je suis « choqué » par ce tintamarre incroyable d'autant qu'habituellement l'ambiance est plutôt feutrée, bien que souvent joyeuse. Je me dis qu'elles ont bien le droit de rire, de faire la fête, puisqu'elles sont seules dans la salle, mais tout de même, cela fait drôle ! Et surtout, je me dis que c'est tellement fort que ça n'arrêtera pas de la soirée.

Je vais pour m'asseoir à une table libre, éloignée de la leur, lorsque le serveur s'approche de moi pour me dire de m'installer avec elles en bout de table ; je m'installe en essayant de me faire une petite place. Je suis déconfit : je vais subir de près ce chambard de déglingos. Ne pas pouvoir profiter d'une douce soirée entre cools jacquets, m'ennuyer toute la soirée, avoir les oreilles cassées, ne rien comprendre à ce qu'elles baragouinent et jargouinent. Du coup, je grimace intérieurement, mais je me dis pourtant qu'il faut quand même que je fasse bonne figure, c'est le cas de le dire ; je prends donc un air plus amène, un air plus passe-partout ; un air discret, distrait, distant. Mentalement, je me mets en retrait.

Il me paraît évident que ces filles, qui sont en fait des femmes bel et bien adultes, certaines depuis longtemps, ont picolé sérieusement en fin d'après-midi plus qu'elles ne se sont tapé un joint. C'est délirant, un fou rire fou, collectif et continu. Je ne comprends même pas de quoi elles parlent, le sens et l'objet des blagues, alors qu'elles se gondolent, se tordent en tous sens, se montant quasiment les unes sur les autres, faisant des gestes si amples en même temps que si vifs.

Soudain, comme un éclair dans un ciel bien sombre, j'entends quand même ma plus proche voisine parler de Calais. Or j'habite depuis près de cinquante ans à quinze kilomètres et j'y ai fait l'essentiel de ma carrière au lycée Coubertin. D'instinct, je l'interromps : « Vous êtes de Calais ? », « Oui, moi je suis de Calais mais mes copines viennent de Paris, de Bretagne, d'un peu partout ». Je mets là sans le savoir le doigt sur un bouton vert et tout va bientôt s'allumer, mais je ne le sais pas encore. J'entre en communication avec elle et oh miracle, petit à petit le vacarme ambiant s'estompe car les copines finissent par comprendre ce qui se passe et font une pause relative dans leur délire. La conversation peut se faire à peu près normalement et j'arrive même à dialoguer vaguement avec les filles au bout de la table. À un moment, je crois comprendre que mon interlocutrice principale, et c'est ma voisine, est la sœur d'une collègue d'EPS du lycée Coubertin, avec qui j'ai travaillé durant une quinzaine d'années ! Eh bien oui, j'ai bien compris, c'est bien ça. Dingue, non ? (c'est bien le mot de la soirée !).

Exclamation générale dans la foule de table quand la nouvelle se répand. Du coup les rapports entre moi et chacune d'elles se met à changer, à s'intensifier, et toujours dans la bonne humeur et la grosse plaisanterie, souvent grasse.

J'en viens à parler des haïkus que j'écris sur le Chemin et du fait que j'écris des poèmes depuis une bonne cinquantaine d'années. Je leur dis que j'ai édité il y a quelques années un recueil de poèmes et que je l'ai emmené pour offrir à Barbara, la patronne d'un camping où nous avions mangé tous les trois en 2019 et où nous avions passé un très bon moment. Je leur explique cela et aussi que j'ai modifié l'itinéraire direct pour cette raison (j'avais d'autres raisons expliquées plus haut). Par chance ce n'est que demain que je vois Barbara ; je tiens à la revoir tellement elle est chaleureuse et généreuse et à la remercier par ce petit cadeau-surprise. Et de plus, c'est une pure chtimie ! Voilà que les filles me demandent d'aller chercher le livret et de lire quelques poèmes. Assez surpris, j'accepte et je vais le chercher, il est quelque part bien rangé dans mon sac à dos ; je reviens dans la salle, pas si fier que ça malgré tout car je me doute bien que la lecture ne va pas être facile ni de tout repos. Vous me croirez si vous voulez, mais je n'arrive à lire trois petits poèmes très courts…

Mais cela a duré plus d'une demi-heure. Je ne peux aligner trois mots ou la moitié d'un vers sans qu'une ou plusieurs d'entre elles ne vienne relever tel mot ou tel mot et le commenter, et surtout de lui attribuer un deuxième sens… en direction de la sensualité, de l'érotisme, et parfois même, de la grossièreté. Au début je fais semblant de ne pas m'en offusquer mais petit à petit, je me sens pris dans la tourmente, je me désoffusque, rentre dans le rang… et dans leur jeu auquel je finis par participer avec une certaine bonne volonté grandissante : je me mets à leur niveau, je veux me fondre dans leur trip, leur délire, et je finis par me plaire à user de blagues à une balle, de jeux de mots tard, moi qui suis fan du maître en la matière, je veux parler de Boby Lapointe, un de mes deux « inspirateurs ».

Dans la soirée, j'étais donc passé d'un extrême à l'autre, progressivement mais rapidement, et finalement c'en fut réellement excitant, grisant, aphrodisiaque. J'étais dans la journée passé du paradis à l'enfer pour retourner au paradis, un autre paradis.

Mesdames de Saint-Cirq-Lapopie, je vous dis un grand merci.

Ah les filles, ah les filles ! elles m'ont rendu marteau, ah les filles, ah les filles !

## 7 : Ruth et Pénélope, les aventurières de l'Alzou

Je vous assure : l'arrivée à Rocamadour quand on vient de Figeac se révèle fantastique.

Les derniers kilomètres passent par les spectaculaires gorges de l'Alzou qui s'allégit doucement dans un tapis géant d'ail des ours tout en fleurs. Le gîte, tenu par des sœurs, ouvre à 15h 30. Comme je pense arriver à cette heure-là, depuis le début des gorges je prends beaucoup de temps et fais encore plus de pauses que d'habitude. D'autre part, je pense qu'il pourrait y avoir la queue à l'entrée, et je ne veux pas être dans cette situation qui me rappellerait trop les magasins, les files d'attente au cinéma etc…, qui ferait trop « cérémonieux », trop tourisme de masse etc…

Malheureusement, je ne peux pas prendre beaucoup de photos car la végétation est tellement dense qu'il y a peu de perspective et de possibilité d'avoir un panorama reflétant le paysage. Raison de plus pour traîner les pieds, regarder, retenir mes pieds et retenir ce que je vois. Autre raison : je n'ai pas encore piqueniqué et il serait grand temps : je cherche le bon endroit, celui qui m'inspire, et pas seulement pour écrire des haïkus. Je finis par sortir des gorges pour me retrouver sur une portion plate et beaucoup plus large et je redouble d'attention car cet endroit semble propice. C'est là que je vois sur ma gauche, un peu à l'écart du chemin, deux personnes en train de s'affairer ; je m'approche en espérant y trouver ma place, de la place, mais c'est un peu trop étroit et si je piqueniquais là j'empièterais trop sur leur intimité. Mais du coup nous parlons quelque peu ensemble ; de choses simples, spontanées, celles que le jacquet raconte chez lui en rentrant. La discussion ne va pas plus loin : pas de considérations philosophiques, que des aspects pratiques de la vie, du quotidien du jacquet. Sauf que je suis surpris de l'âge d'une de mes deux interlocutrices : il s'agit de Pénélope, treize ans ; elle est avec sa mère, Ruth, d'origine hollandaise ; elles font un tronçon et Marchent pendant une semaine. Pour Pénélope, nous sommes en période hors scolaire. Mais ce qui un peu surprenant, c'est qu'elles sont en train de… cuisiner ! Elles pourraient comme tout un chacun manger un sandwich, une salade composée, quelque chose de froid et tout prêt ; non, elles ont prélevé de l'eau de l'Alzou pour faire cuire gentiment des pâtes dans une minuscule casserole.

Comme quoi, elles aussi prennent tout leur temps, un peu comme moi, à la différence qu'elles font du coup de courts parcours. Le soir, c'est idem, et de plus elles plantent la tente : l'autonomie totale !

Personnellement, je n'en suis pas là et je me mets à penser que je ne pourrais pas faire pareil : bravo à elles. Je discute pas mal avec Pénélope et m'enquiers de ses rapports avec sa mère, lui faisant remarquer en particulier qu'elle est une adolescente et qu'à cet âge-là… les rapports enfant/parents ne sont pas toujours simples. Tel est le cas me dit Ruth, mais chacune se montre manifestement apte à passer outre les quelques anicroches (dont elle me cite quelques exemples) qui arrivent pour ne prendre et ne retenir que le meilleur de leur aventure.

Pénélope en particulier en tirera sûrement des bénéfices dans sa vie ultérieure.

Notre petite discussion s'arrête là et ne va pas beaucoup plus loin ; je prends congé d'elles avec un sentiment d'admiration, et de sympathie particulière pour Pénélope.

Je reprends mon Chemin, je n'ai pas encore mangé, et je cherche encore et encore un coin sympa ; au bout d'une petite demi-heure, ça y est : un grand rocher tout plat et un arbre au tronc bien large, presqu'au bord de l'Alzou en le dominant d'un petit mètre ! Parfait. Enfin un endroit sympa et surtout confortable ; non ! confortable et surtout sympa. Bref, les deux !

Je prends tout mon temps pour manger vu que malgré le temps passé avec les aventurières de l'Alzou, il me reste encore beaucoup de marge pour arriver à Rocamadour. Curieusement, je ne pensais plus à elles, mais à prendre mon temps dans cette fin de gorge idyllique quand… voici qu'elles s'approchent de moi tout en se moquant gentiment du contenu de mon repas. Il n'y a guère d'autre échange si ce n'est que Pénélope me propose de me prendre en photo en train de piqueniquer ; je dis bien sûr oui, surtout que je me rends compte que depuis le début de mon périple je n'ai aucune photo de moi. Or, il me faut bien une preuve à fournir à mes amis comme quoi « j'ai fait Compostelle » (lol).

## 8 : Loïc, le jacquet cool

Ce jour-là, j'arrive au gîte Notre Dame, refuge

géré par des sœurs de l'association « Le Grand Couvent », je monte très vite au dortoir prendre possession des lieux, choisir mon lit et m'installer ; il est encore tôt, environ seize heures, car l'étape du jour a été moyennement longue. Le dortoir est assez grand et il n'y a que des lits superposés, une bonne dizaine ; il y fait fort sombre : il n'y a qu'une seule petite fenêtre ; il n'y a personne, seuls deux lits ont pris preneur pour l'instant et j'ai donc le choix. Je prends celui qui est à l'entrée, et après avoir fait quelques brèves opérations de rangement dans mon sac, je vais vite prendre ma douche et je reviens dans le dortoir où je me pose cinq minutes avant d'aller visiter l'emblématique Rocamadour, c'est incontournable… et souhaitable. Mais en y regardant de plus près, il me semble apercevoir quelqu'un ou quelque chose sur le lit du bas tout dans le fond à l'opposé de moi en diagonale ; il fait tellement sombre que je n'en suis même pas sûr : rien ne bouge, pas de signe de vie. Au bout d'un moment je m'habitue à l'obscurité et effectivement il me semble qu'il doit y avoir quelqu'un… encore que…S'il y a quelqu'un, il est sans doute allongé et récupère, réfléchit, totalement immobile ; ou alors c'est un gros sac. Ou alors il dort carrément… avec son sac ! En tout cas, si c'est quelqu'un il ne fait pas comme les autres qui regardent leur téléphone, lisent un bouquin ou admirent leur crédenciale !

Je sors donc pour aller faire mon petit tour de Rocamadour et je prends bien tout mon temps puisque j'ai bien le temps. Comme il n'y a pas de demi-pension, j'achète de quoi manger pour le soir et quelques fruits pour le lendemain. Visite terminée, je me mets en quête de trouver un coin sympa pour manger, et, pour « fuir » la foule calme des visiteurs de tout poil, je pars à l'extérieur ; très vite on se trouve sans habitation, c'est la nature tout de suite ; je fais un petit kilomètre et je trouve un bel endroit pénard avec vue sur le causse d'en face que j'aborderai demain au sauter du lit. Il me reste encore du temps, il n'est pas encore l'heure de me coucher, et donc j'en profite pour recopier mes haïkus puis je retourne au gîte, et je me couche rapidement sans même voir ou deviner l'inconnu (ou l'inconnue) du fond.

Le lendemain matin, je monte à l'étage pour le petit déjeuner préparé par deux sœurs, environ quatre-vingt ans chacune, pas deux sœurs dans le sens religieux du terme, mais deux sœurs… deux filles nées des mêmes parents (donc pas deux « bonnes sœurs »), ce sont les « hospitalières ». En somme, ce sont deux sœurs qui jouent aux bonnes sœurs (lol). Elles se sont levées à quatre heures du matin pour tout préparer dont une montagne de tartines déjà grillées quand j'arrive. Je suis seul avec elles et nous conversons à voix basse lorsqu'un homme, barbe hirsute, vient déjeuner lui aussi. Comme j'avais eu la veille quelques brefs mots avec les autres jacquets du dortoir, je me dis que puisque je ne l'ai pas vu hier c'est peut-être lui « l'homme du fond ». Après renseignement, effectivement, c'est bien lui ! Il s'appelle Loïc. Peu à peu, arrivent d'autres jacquets et les discussions habituelles sur l'itinéraire de chacun s'enchaînent. Pour ce qui est de Loïc, c'est à peine s'il sait qu'il est à Rocamadour ! Il ne sait pas dans quel sens il va démarrer aujourd'hui : direction Figeac (d'où je viens) ou direction Cahors (où je vais) ; il ne sait d'ailleurs même pas qu'il y a ces deux possibilités, il ne sait pas le nom des villes et villages sur le parcours jusque Compostelle, il ne sait pas s'il va faire dix, quinze, vingt ou vingt-cinq kilomètres aujourd'hui, il n'a rien à manger pour la journée et il ne sait pas où se procurer de la nourriture alors qu'il aurait eu pourtant le temps hier de faire ces achats ; il ne sait donc pas où il va coucher, et encore moins comment. Il a démarré son périple avec une tente, mais comme il trouvait que son sac était trop lourd, il l'a laissée dans un gîte. « C'est un Extra-Terrestre ou quoi ? » me dis-je.

Pour ce qui est de son parcours du jour, certains lui conseillent de revenir direction Figeac (ce qui est une marche arrière sur le Chemin direct) afin de passer les magnifiques gorges de l'Alzou, puis de « couper » hors GR sur la droite pour rejoindre le tronçon normal Rocamadour-Cahors ; d'autres lui conseillent d'aller directement, donc au plus court, sur ce même tronçon. Loïc a le choix car il est parti pour aller jusque Compostelle et qu'il a environ trois mois devant lui si nécessaire ; alors passer par-ci ou par-là, rallonger ou raccourcir, monter ou descendre, manger ou jeûner, ce ne sont pas des questions que Loïc se pose ! Malgré ces différents renseignements et ces différents avis, Loïc ne sait toujours pas ce qu'il va faire, ne sait pas ce qu'il veut faire et c'est sur cet atermoiement que je quitte la cuisine en disant « Buen Camino » à tout le monde et « Grand Merci » aux deux sœurs très…hospitalières.

Sur le Chemin, à un moment je me perds, je reviens sur mes pas, et je vois Loïc arriver au loin, au moment de retrouver le bon itinéraire. Je lui fais de loin un grand signe de la main pour lui indiquer qu'il faut tourner à droite à l'endroit où je suis ; il me reconnait et me fait signe « OK », et je reprends la bonne direction me disant qu'il allait me suivre puis me rattraper. Je vois qu'il Marche plus vite que moi ; je pense donc qu'il va me rattraper ; mais non, et je reste seul un moment. Comme c'est un jacquet cool, il a dû faire une pause entre deux. Je me dis « Mince », car j'aimerais bien faire un bout du Chemin avec lui, il doit avoir des choses à raconter, des choses spéciales, c'est peut-être un cas unique ! Son « histoire » doit sans doute être intéressante. Donc à mon tour, je fais une petite pause sur un talus herbu et bien sec d'où je pourrai le voir arriver de loin et ainsi par ailleurs admirer, me régaler et me repaître des vaches et des prairies et des bosquets environnants.

Effectivement, après une dizaine de minutes de contemplation voire de méditation, je le vois apparaître dans son allure caractéristique : on dirait un pâtre, justement, dans son milieu, avec son chapeau à bandeau, son long pantalon gris bleuté, une sorte de blouson aux mêmes couleurs, la barbe fleurie et affublé d'un bâton mince un peu courbe sûrement récupéré sur un bas-côté. La seule différence, c'est son sac énorme dont le sommet dépasse le sommet de sa tête. En somme, un presque berger !

À son passage je me relève et l'accompagne, c'était mon désir. Loïc se montre de façon surprenante assez bavard et, à défaut d'être éloquent, plutôt loquace. Je suis surpris (dans le bon sens du terme) de le voir aller vers Compostelle et dans …le bon sens (lol), sur le bon itinéraire, en somme sur son « E.T. Néraire » bien perso.

Il m'explique qu'il travaillait dans la chaudronnerie mais qu'il a attrapé une maladie (il ne m'a pas dit laquelle) et qu'il a dû arrêter ce boulot ; par contre, si j'ai bien compris, à la cinquantaine, il n'a cherché pas un autre travail bien qu'il le pouvait. D'autre part, il a divorcé et vit actuellement avec quelqu'un (ou plutôt quelqu'une !), et ils vivent dans une maison assez grande assise sur un terrain immense ; je me demande qui l'entretient ! Surtout, il me dit qu'il avait envie de faire le Chemin dans son entièreté…alors que sa femme n'était pas d'accord pour qu'il parte même pour peu de temps ! Tout en l'écoutant, je pense que, au contraire de lui, j'ai demandé à mon épouse si elle était d'accord, et encore, pas pour Partir aussi longtemps que lui ! Pourtant, j'éprouve beaucoup de sympathie pour lui qui m'accorde volontiers cette interview en se confiant de la sorte. Assez rapidement, il refait une pause : que fais je ?

Je décide de poursuivre mon Chemin car je fais peu de vraies pauses et Marche lentement, ou plutôt l'inverse ! Et ça ne manque pas puisqu'une heure plus tard, je suis arrêté par un troupeau de moutons qui traverse le Chemin accompagné d'un vrai berger cette fois, et de sa fille. Le temps de discuter deux minutes, Loïc me rejoint et nous discutons à trois, et nous voilà rePartis ensemble après avoir salué le berger des causses.

**Loïc, je le vois, le revois**
**Et je sens bien**
**Qu'il se sent bien**
**Sur le Chemin**

On se reparle pour la dernière fois encore pendant un long moment. Il est 15h 30, et il ne sait pas encore comment va se passer sa fin de la journée, s'il va encore Marcher, s'il va chercher un gîte, s'il va pouvoir trouver de quoi manger… ; c'est tout juste s'il sait s'il est fatigué ou pas ! (sic)

En fait, Loïc est dans l'improvisation constante, pour lui le temps n'existe pas, il est « dans le temps présent » et c'est tout, et c'est tout ce qui compte pour lui.

Et moi qui ai tout programmé ! ça me fascine.

C'est Loïc, c'est logique.

## 9 : Pauline, cristalline

Pauline, je l'ai rencontrée alors qu'elle faisait pipi, discrètement certes, je vous l'accorde, mais comme j'ai l'œil… (lol).

Blague à part, je pars de Figeac dans la nuit finissante, ambiance que j'aime ; non pas que j'aie mis à sonner mon alarme à cinq heures du matin, mais comme je suis toujours réveillé tôt, autant en profiter et Partir… discrètement. De plus, ça me donne le temps d'aller lentement. Une clarté s'épanouit progressivement, on est à mi-chemin entre le jour et la nuit mais comme j'ai l'œil perçant, je perçois presque tous les détails du paysage et du cheminement. Je suis sur un chemin rectiligne lorsqu'un balisage gentil comme tout m'indique d'aller à gauche ; c'est comme un carrefour routier : le GR part à quatre-vingt-dix degrés et est lui aussi rectiligne ; un gros talus boisé borde l'ensemble. Tout en tournant à gauche et en regardant sur ma droite le balisage pour confirmation, il me semble apercevoir, derrière la haie, comme une forme, une silhouette, un bazar qui bouge un peu ; après (mûre !) réflexion, je me dis que c'est peut-être quelqu'un ; après (mûre !) réflexion encore, je me dis que c'est peut-être quelqu'un en train de faire pipi ! Soit ! Je poursuis donc mon Chemin sans plus y penser, sans même penser qu'il pourrait s'agir d'un jacquet et que donc qu'il pourrait bientôt me dépasser. Effectivement, en ce matin matutinal, je Marche seul un bon moment et je passe vraiment un bon moment avant que je ne sente à présent une présence, sur la sente et derrière moi.

C'est une jeune fille d'environ vingt-cinq ans, légèrement rondelette, au sourire direct.

Souvent, lorsque l'on se fait dépasser par un quidam, celui-ci passe son chemin en disant quelques mots, et, gardant son rythme, continue sans plus d'échange. Ici, c'est le contraire : pourquoi ? Le feeling ? L'envie de parler et de rompre un certain isolement ? La politesse ? Une bavard'attitude chronique ?

Il y a ici quelque chose d'indescriptible, d'inconnu, d'inexplicable. La différence d'âge est quand même importante (une cinquantaine d'années ! soit un demi-siècle !), et l'expérience me montre bien qu'avec l'âge on me tutoie de moins en moins, en particulier les jeunes. Or, nous ne faisons que cent mètres (cent mètres qu'est-ce ? qu'est-ce sur un parcours de près de deux mille kilomètres ?), et voici que la jeunette me demande si elle peut me tutoyer. Stupéfait d'une telle question mais, enchanté, enflammé, enjôlé, ensorcelé, presque hypnotisé par une telle demande, je lui dis bien sûr que oui. Je ne dirais pas que c'est un honneur (puisqu'on ne se connaît pas) mais un bonheur, un cadeau, un présent, une bénédiction. J'ai l'impression d'être de son âge, de son monde, de son univers. De plus, je me dis de suite que cela signifie qu'elle a bien dès le départ l'intention de prolonger au moins un peu la discussion. Mais pourquoi avec moi ? Déjà parce que je suis là, bien sûr, mais elle pouvait aussi passer, me dépasser, se casser pour m'ignorer. Non, elle reste, elle reste pour parler, et pas pour dire n'importe quoi ! Elle reste à côté de moi car par chance, la sente s'est élargie fortement et nous devisons de visu, côte à côte ; cela facilite le devisage et nos deux visages se conjuguent, se complètent, se comprennent.

Je vois qu'elle porte un gros sac à dos : douze kilos dit-elle ; je me doute qu'elle est Partie pour longtemps, pas comme moi, petit pèlerin !

**Pauline vers Compostelle**
**Douze kilos sur le dos**
**Mais pas un fardeau**
**Me dit-elle**

Notre conversation dure aux environs d'une heure, et nous ne parlons que d'un seul sujet : le pourquoi de la Marche jusque Compostelle, puisque tel est son objectif. La discussion est si profonde et si intense qu'elle en est en tous points philosophique.

*Elle fait le point*
*En faisant le Chemin*
*Elle « en a besoin »*

En particulier, elle veut savoir si, et physiquement et mentalement, elle réussirait ce projet qui n'est pas donné à tout le monde, même jeune. Elle a pris une année sabbatique pour cela. C'est étonnant qu'à cet âge-là on se pose cette question ; c'est la réflexion que je me fais et dont je lui fais part, car moi aussi, avec cinquante ans de plus, je me pose quelque part la même question ! Elle me dit que de cette expérience, elle tirera des leçons et verra par la suite si elle change éventuellement de travail. Tout au long de la discussion, nous ne parlons que d'elle et nullement de moi. À la fin, je me sens à sa place, dans sa vie, dans son cœur.

Avoir un échange avec quelqu'un de si jeune, aussi long, aussi approfondi, c'est quelque chose que je ne suis pas près d'oublier. Sans compter qu'en me tutoyant ainsi d'emblée elle devait me trouver certainement quelque chose de bien sympathique…d'entrée ; et qu'est-ce que c'est agréable ! Car si ce n'est pas dit, pas exprimé directement, c'est cela que ça veut sans doute dire, c'est ce que je me flatte de penser !

Peut-être aussi a-t-elle apprécié ma discrétion quand je l'ai, soi-disant, vue faire pipi (alors que je n'ai en fait rien vu !

Nous Marchons finalement ensemble depuis près d'une heure lorsqu'elle exprime le désir de faire une pause petit déjeuner. Que fais je encore une fois ? Mon étape du jour est très longue : trente-cinq kilomètres, et donc je ne peux pas me permettre de « traîner » trop longtemps …même avec Pauline. Je la quitte donc avec le cœur gros, ce qui a le don de me surprendre moi-même ; cette même émotion qui va me rester encore quelques jours.

Je dois dire, avouer même, que je suis tombé comme amoureux d'elle, non pas sous son charme, mais dans sa réelle profondeur d'âme, d'esprit et sa clairvoyance pour son jeune âge.

Par la suite, après s'être séparés, j'ai beaucoup beaucoup beaucoup pensé à elle et j'en étais très ému. J'estime, peu modestement sans doute, qu'elle m'avait apprécié dès le début et jusqu'à la fin de cette belle rencontre. Trois jours après, j'écrivais ceci (et pourtant la veille, je m'étais dit et redit : Allez, t'oublies Pauline !) :

> *Pauline, je l'aimais bien*
> *Car d'emblée*
> *Elle m'a tutoyé*

C'est très curieux, mais c'est cela qui m'a le plus marqué, touché, plus que la discussion incroyablement philosophique et intéressante que nous avons eue. C'est vrai que je suis un grand sentimental au mental fragile, et que je m'émeus facilement, qui plus est sur le Chemin où, quand je me meus, je m'émeus ; et comme inversement tout ce qui me m'émeut me meut…

## 10 : X et Y, la non-rencontre

Quand je sors de Béduer venant de Figeac, je n'ai, après plus de quatorze kilomètres, fait aucune pause : je n'ai pas trouvé d'endroit propice. Sûrement que d'autres jacquets en ont fait autant, ou alors ils sont partis d'un gîte situé après Figeac, toujours est-il qu'au détour d'un long virage à gauche il y a huit ou neuf pèlerins assis sur les margelles d'un magnifique lavoir très grand et d'une facture différente de ceux que l'on voit habituellement. Il y a des couples et des individuels. Je pense qu'ils y sont depuis un bon moment sinon ils m'auraient sûrement dépassé auparavant. Quant à moi, j'ai l'intention de m'y arrêter aussi un bref instant, mais pas longtemps :

puisque je Marche lentement, je n'ai pas besoin de beaucoup d'arrêts. Il y a en particulier un couple, la bonne cinquantaine, un peu à l'écart de ce petit groupe qui s'est formé à l'improviste. En le quittant, je salue tout le monde et dis : « Sans doute à bientôt », puisque je suis sûr qu'au moins quelques-uns me doubleront dans les kilomètres qui viennent ; et je leur fais une petite blague à deux balles qui fait rire un peu tout le monde … sauf monsieur X et madame Y. Je reconnais que ce n'était pas une blague terrible, soit.

Effectivement, après seulement quatre ou cinq kilomètres, je vois X et Y me dépasser à une vitesse supersonique et d'une démarche super tonique, sans dire un mot, ni faire un petit signe, ni porter un semblant de regard ! Pas très sympa tout ça ! Je me dis que l'impression que j'ai eue d'eux au lavoir est peut-être finalement la bonne.

Ils prennent vite le large et me larguent sans coup férir ; ça ne me fait pas rire et je décide tout de go à tenter une expérience : savoir ce que ça me ferait de Marcher très vite, tant mentalement que physiquement.

Je pense qu'ils Marchent à 6 Km/h, ce qui est vraiment beaucoup. Même bien entraîné, je sais que physiquement, je ne tiendrai sans doute pas le coup mais je vais les suivre pendant … juste un certain temps, tout dépendra de mon physique et/ou de mon mental. Je les laisse prendre cent cinquante mètres d'avance et je leur emboîte le pas … à distance. Je remarque d'abord que plus encore que la plupart des marcheurs en général, ils ne regardent guère autour d'eux, la tête baissée regardant fixement le sol et visant précisément où poser chaque pied au centimètre près. Personnellement, je ne vois pas comment on peut prendre son pied ainsi ! D'ailleurs, au bout de deux ou trois minutes, je sens que je commence déjà à me lasser. Mais il faut que j'insiste : une expérience doit durer assez de temps pour être crédible et concluante. Je continue donc sur ce rythme effréné ; résultat : je n'ai jamais aussi bien vu mes pieds bouger, avancer, gesticuler ! sauf que c'est toujours le même spectacle et je sens que je me lasse toujours plus. À cette vitesse effectivement, il faut que je fasse particulièrement attention où je les pose, mes chers petits pieds entourés de mes chères chaussures ; je suis donc concentré à fond sur ma locomotion. Et sur rien d'autre. Encore dix minutes d'effort sur moi-même, et j'abandonne, je perds pied, je ne prends plus mon pied, au contraire, je perds les pédales. Je me remets alors à mon allure habituelle, je me lassais, voilà que je me délasse, et là je me dis intérieurement : « Quel panard, Nanard ».

*À marcher si vite*
*À vouloir les suivre*
*Je n'ai trouvé que déplaisir*
*À marcher tranquille*
*En les laissant partir*
*Je n'ai trouvé que des plaisirs*

Le lendemain après-midi, j'aperçois, en bas d'une descente très large, un espace bien dégagé avec quelques tables, des chaises, le tout agrémenté de banderoles avec des fanions multicolores, comme une grande terrasse de plein air pour les pèlerins. En me rapprochant, je constate que monsieur X et madame Y y sont installés et manifestement ils y prennent leur temps. Je me dis que j'y ferais bien une petite pause moi aussi, mais leur présence me gêne voire m'indispose. Encore trente mètres, vingt mètres, ma décision n'est toujours pas prise, pourtant il faut que continue d'avancer. Arrivé à dix mètres et voyant qu'ils font semblant de ne pas me voir, alors qu'à l'évidence ils m'ont vu, je décide de ne pas m'arrêter et de passer mon chemin tout en me demandant si je fais bien, si je ne devrais pas quand même… qu'une petite pause m'aurait fait du bien… que peut-être…

Ce moment de solitude quasi forcée, ce refus du contact, me semblent en fait nécessaires, afin, dans mon Cheminement, d'éviter toute anecdote négative.

Je culpabilise un instant avant de me reprendre et de me dire que ce n'est pas moi qui ai commencé, na !

J'essaie donc d'oublier cet incident de parcours, ce genre de petit accroc qui fait tache et que je ne voulais pas vivre. Je continue ma route, il me reste quatre kilomètres avant d'arriver au gîte où j'ai réservé la demi-pension. Comme il est déjà un peu tard et que le gîte suivant n'est pas tout prêt, je n'arrive pas à me mettre dans la tête que je risque de les y revoir. À l'arrivée, je suis accueilli fort gentiment par Estelle avec un verre de menthe à l'eau, et après une gentille discussion autour d'une petite table ronde, je pars m'installer dans le dortoir. Le repas du soir est prévu comme souvent à dix-neuf heures. Je descends vers 18 heures dans la salle à manger pour recopier les haïkus du jour (j'en ai écrit très peu, ambiance oblige) et pour écrire une dizaine de cartes postales ; quelques pèlerins y sont déjà qui regardant leur portable, qui discutant entre eux. Peu avant dix-neuf heures, voici monsieur X et madame Y qui descendent l'escalier pour le repas. « Je m'en doutais ! » me dis-je dans ma tête. Le repas commence, nous sommes treize à table, ça continue ! (lol) : douze pèlerins plus notre hôtesse, accueillante à souhait et d'un dynamisme déconcertant doublé d'un sourire permanent et triplé d'une faconde forcenée. Je suis en bout de table avec en face de moi une dame (une fille plutôt, en tout cas très jeune, la vingtaine peut-être). Elle se plaint beaucoup de son genou droit qui a été opéré il y a relativement peu de temps. Je me dis qu'elle prend quelque risque ; et voici qu'elle dit porter un sac de… dix-huit kilos ! Je me dis qu'elle se met en danger et même pire, quelle idée, quelle folie, qu'elle risque de ne pas arriver au bout de son Chemin !

Autour de la table les discussions, animées, vont bon train et il y a beaucoup, beaucoup de bruit ; aussi, j'ai du mal à suivre les échanges du milieu de table où se trouve… le couple X-Y. Bizarrement, bien qu'en milieu de table, ils ne parlent que très peu, soit. Pourtant, à un moment donné, je les entends parler de l'ambiance sur les Chemins de Compostelle et dire qu'ils ont déjà rencontré des gens pas agréables du tout. C'est un comble ! Pas étonnant, on a bien du mal à être sympa avec des gens qui ne le sont pas !

Dans la foulée, je me demande un instant s'ils n'auraient pas dit ça en faisant allusion à la fameuse blague à deux balles du lavoir qu'ils n'auraient pas appréciée et dont ils voulaient faire état en espérant que je l'entende. Cette pensée me traverse l'esprit mais repart aussitôt : ma blague, même à deux balles, n'est pas un prétexte à faire la tronche et je re-déculpabilise aussi sec, me disant : je n'y suis vraiment pour rien après tout.

« On n'a que ce que l'on mérite, on récolte ce que l'on sème ».

Conclusion : X + Y = 0

## La rencontre « BONUS »

Je m'en vais vous raconter une rencontre un peu « hors Chemin », mais qui s'est portant bien passée sur le Chemin !

Cela se passe l'antépénultième jour de mon parcours. Je dois ici expliquer mon itinéraire pour mes trois derniers jours. Le samedi : Durfort-Lacapelette/Moissac/Auvillar, le dimanche : Auvillar/Lectoure, et le lundi, retour en arrière : Lectoure-Auvillar-Goudourville.

Pourquoi cet itinéraire bizarre ? Mon fils avait déménagé l'année précédente à Goudourville ; or Goudourville se trouve à deux kilomètres du Chemin. Après Moissac, on passe à Boudou, puis à Malause, puis à Pommevic le long du canal latéral de la Garonne. C'est à la sortie de Pommevic qu'on traverse ce canal pour se diriger vers Auvillar ; c'est de cet endroit qu'il y a deux kilomètres jusqu'à la maison de mon fils. Le créneau que m'avait « accordé » mon épouse expirait le lundi et je voulais aller jusque-là. J'aurais pu, à Lectoure, continuer le Chemin jusque Condom, soit trente-cinq kilomètres plus loin. En ce cas, mon fils aurait dû faire soixante-quinze kilomètres pour aller me chercher, et idem pour me ramener chez lui (où mon épouse était arrivée la veille) ; je n'avais pas voulu lui infliger cette charge. J'avais donc prévu de revenir en arrière jusque Auvillar puis Pommevic et de finir par les deux kilomètres restants. De plus, cette étape ainsi conçue me faisait parcourir quarante kilomètres, et c'était quelque part un test de mes capacités d'endurance voire une sorte de défi avec moi-même. Si je ne tenais pas la distance, si j'avais un problème quelconque, mon fils n'aurait pas été loin pour venir me rechercher. Enfin, j'y voyais un autre avantage, c'est que, faisant le Chemin à l'envers, j'allais rencontrer beaucoup de pèlerins, et ça me plaisait. C'est ce qui s'est d'ailleurs passé : l'étape est si longue qu'elle en vaut bien deux, ce qui fait que le matin, je rencontre une première salve de jacquets, puis une deuxième en milieu d'après-midi. Très vite, je me suis mis à les compter : en fin de journée, j'en étais arrivé à cent un !

Ceci expliqué, j'en reviens à cette anecdote. Avant de Partir, j'avais averti mon fils ainsi que mon épouse que je ne désirais pas les rencontrer en cet avant-avant-dernier jour de Marche. Je désirais rester seul avec moi-même, et ce, pendant l'intégralité de mon parcours. Cependant, arrivé à Moissac, c'est-à-dire à treize kilomètres de Pommevic, à quinze kilomètres de la maison d'Arnaud, à quinze kilomètres de mon épouse, je sens en moi une frustration m'envahir, un désir s'intensifiant de les voir. Aussi, je téléphone à Arnaud sur le coup de dix heures pour lui dire que, s'il le veut, s'il le peut, il pourrait venir à ma rencontre quelque part près de chez lui sur le Chemin. Lorsque j'ai sa réponse, positive, je me mets à chialer ; et les pleurs me reviennent régulièrement jusqu'au moment du piquenique devant l'église de Boudou. À ce moment, je pense que j'ai assez pleuré et je me trouve apaisé. Sur les quelques kilomètres restants avant de les voir, je ne pleure plus, mais cette rencontre me prend toute ma tête et occupe tout mon temps. Quand et à quel endroit vais-je les voir ? Vont-ils se cacher quelque part pour me faire la surprise ? Vont-ils être avec Marie, la compagne d'Arnaud, et avec mes deux petites filles ? Celles-ci m'ont-elles préparé une quelconque surprise ? Dans quel état de fatigue serai-je ? Est-ce que je pleurerai encore et encore ? Cinquante mille émotions s'entremêlent dans mon esprit, j'accélère le pas sans m'en rendre vraiment compte, mais je ne pleure plus, je suis dans une sorte de calme euphorisant. Une exaltation qui pourtant grandit au fil de mes pas, je sens que ça va être un moment inoubliable ! Mais pourquoi donc, pourquoi donc avais-je pourtant décidé de ne pas la vouloir, cette rencontre, moi qui la désire maintenant si fort ?

L'instant de la rencontre eut bien lieu, ce fut formidable. Émotionnel, pétillant, tourbillonnaire. Je traverse le canal pour descendre sur le côté et commencer à longer le canal bordé de grands arbres majestueux. Une toute petite descente raide de quelques mètres qui revient à la perpendiculaire du canal et reprend sur la droite parallèlement à lui. C'est là que m'attendent discrètement mon épouse accompagnée de la plus petite de mes petites filles, Fanny. Sortant je ne sais d'où, elle me saute au cou, je l'attrape au vol, nous dansons, tourniquons, voltigeons, et je repleure cent larmes avant de ceinturer mon épouse de mes bras chauffés à blanc.

Nous continuons sur le chemin rectiligne longeant le canal, ce qui fait que de loin, je vois un petit groupe devant moi se rapprocher, moi qui avance au pas, eux qui m'attendent ; je les vois grandir, s'agrandir, ils sont devenus immenses quand je me trouve avec eux ; il y a Arnaud, Cathy, mon autre petite fille, avec une de ses copines, il y a Marie, et un copain venu passer quelques jours chez eux à Goudourville. Et je repleure. Nous restons une bonne demi-heure ensemble ; je ne sais plus de quoi on a parlé, je ne me souviens que de la joie, de la pleine et douce allégresse qui m'envahissait. Je chahute encore une fois avec Fanny que j'attrape contre moi en la faisant basculer les pieds en l'air et en la tenant fermement, le corps tendu, jambes écartées, contre mon ventre : sur la photo, elle a la forme d'un Y, et moi, jambes écartées, la forme d'un Y aussi, mais à l'envers !

Puis il faut bien se quitter, je repars direction Auvillar sans regret pourtant, le bonheur ayant été total. Il faut que je retourne Marcher sur le Chemin ! Quelque part, il m'appelle, me rappelle, non pas comme une obligation, mais comme une nécessité.

L'anecdote ne s'arrête pas là ! Je reprends le Chemin en pensant à ce qui s'était passé pendant ce moment d'une intensité incroyable ; et pourtant, il ne me reste que six kilomètres à parcourir, et le Chemin reprend ses droits dans la mesure où curieusement je ne repense que peu à cet instant de retrouvailles particulières, ayant déjà reçu ma dose maximale d'émotions. Idem dans la soirée au gîte communal d'Auvillar. Idem le lendemain sur les trente-trois kilomètres du tronçon Auvillar-Lectoure. Idem le dernier jour où pourtant j'allais retrouver la famille. Sauf qu'après être repassé à Auvillar, que je visitais à nouveau et où je me faisais une dernière halte, l'émotion due à l'approche finale, aux huit derniers kilomètres et aux derniers instants de mon périple, me revenaient en boomerang. Mais une émotion très différente de la précédente !

Marie est d'abord venue à ma rencontre en prenant son vélo et en prenant soin de m'aborder en arrivant par derrière par surprise ; bien sûr, je ne m'attendais pas à ça ! Elle fait trois petits kilomètres à côté de moi, elle sur la route, moi sur le sentier tracé en bordure. Bizarrement, si cela me fait très plaisir, cela ne me pas fait un réel choc émotionnel ; pourquoi ? je ne le sais guère !

Au bout d'un moment, elle part et s'éclipse.

La rencontre de l'avant-veille était programmée et m'a, je l'ai raconté, saisi, ébranlé, vraiment bouleversé ; celle-ci, totalement inattendue, me fait beaucoup de bien, me contente, me plait énormément, mais elle ne me chamboule pas vraiment ! Un kilomètre plus loin, voici que j'aperçois, les bras levés, loin devant moi Arnaud avec mon épouse, à pied, venus à ma rencontre, et avec lesquels je parcours les deux derniers kilomètres : nouvel effet de surprise. Enfin, l'arrivée à la maison m'apporte un nouveau saisissement quand je vois, à cent mètres devant moi, Fanny et Cathy sortir de la maison et dérouler un rouleau de papier toilette en guise de banderole d'arrivée ! Idem, beaucoup de joie que chaque membre de la famille présent soit venu m'accompagner dans mes derniers instants. Apothéose et honneurs m'étaient accordés, mais beaucoup de simplicité et de mesure dans mes réactions à ces trois rencontres ; je m'en étonne moi-même.

Plus tard, en essayant de comprendre, je formule trois hypothèses. Ce n'était pas en tout cas à cause de la fatigue car je me sentais encore bien malgré un fort mal de dos récurrent depuis Auvillar, et malgré le kilométrage qui s'établissait au final à près de quarante-trois kilomètres, preuves à l'appui. La première raison, me semble-t-il, est que les émotions de la rencontre deux jours avant avaient été d'une intensité maximale et que c'était impossible d'en éprouver plus. Et je me demande toujours quelle réaction j'aurais eu si j'avais gardé l'idée de départ de vouloir ne voir personne de la famille jusqu'au dernier mètre de mon parcours. Et là, je n'ai pas la réponse ! La deuxième raison, me semble-t-il encore, est que j'avais réalisé mon projet, programmé depuis si longtemps, mon rêve, et de plus sans problème ; que j'avais fait (encore une fois) le plein de satisfactions, et que ce bonheur simple et profond me remplissait le cerveau sereinement, modestement, occultant quelque peu le reste. C'est vrai que je voulais rester modeste quant à ma performance physique, si l'on peut parler comme ça. J'avais parcouru trente-trois kilomètres par jour en moyenne et j'en étais satisfait, mais pas fier particulièrement. Cela n'empêche que j'aurais pensé ressentir des émotions comme celles de l'avant-veille. Mais ça ne s'est pas passé comme ça, c'est comme ça.

La troisième raison est peut-être que le Chemin m'avait quitté, ou plus exactement que j'avais quitté le Chemin ; que les quarante-trois kilomètres du dernier jour n'avaient pas eu raison de ma faim ; que j'étais un prisonnier volontaire et involontaire du Chemin, que je m'en étais évadé un peu comme une trahison. L'aventure se terminait, elle se terminait bien, très bien, mais une forme de tristesse, de mélancolie, sans déréliction aucune ; elle se mêlait au contraire à cette joie plurielle de la réussite, des retrouvailles, des sourires reçus : j'avais le bourdon… du pèlerin parvenu au but. Mais…

**J'ai quitté le Chemin,**
**le Chemin ne me quittera plus**

# Le pèlerin moderne, l'esprit de Saint Jacques, l'esprit du Chemin

Évidemment, lorsque l'on parle de pèlerin moderne, on ne parle pas de tous les pèlerins ; il y a le bon vieux pèlerin à l'ancienne même s'il est jeune, et il y a le nouveau pèlerin même s'il est vieux, celui apparu à la fin du vingtième siècle.

C'est vrai que je ne suis pas un spécialiste du pèlerinage ni du Chemin et que j'ai encore du chemin à parcourir avant de le devenir, car je ne Chemine que depuis 2019 ; d'autre part, je ne connais pas vraiment le Camino Francés où c'est un peu différent. Mon avis est donc sans doute un peu superficiel voire artificiel, mais je me permets de le donner car j'ai ma petite idée là-dessus vu les nombreuses discussions que j'ai pu avoir pendant toutes ces semaines et dont les plus approfondies se font le plus souvent le soir en tablée, au moment du repas, là où on a le temps d'expliquer, de détailler, d'anecdoter.

J'ai aussi pas mal lu sur le sujet puisqu'il m'intéressait déjà depuis un certain temps avant que je ne passe à l'acte.

En Partant en 2019 pour la première fois sur le Chemin, j'avais donc ma petite idée sur ce qui s'y passait, en particulier d'un point de vue relationnel. L'on sait que l'état d'esprit y a changé, et ce pour différentes raisons. Il y a les jacquets touristes, ceux qui descendent du bus à l'entrée de Compostelle pour faire composter leur crédenciale, puis envahissent fort bruyamment les boutiques pour acheter des souvenirs. Il y a les jacquets superficiels qui dorment dans des chambres d'hôtes ou dans de bons hôtels tout confort. Il y a les jacquets occasionnels qui ne font que quelques étapes, des « tronçons » ou des morceaux de « tronçon », qui sont pour la plupart dans l'esprit de Compostelle, mais qui n'ont pas la possibilité de Partir plus longtemps, à cause du travail, de certaines contraintes familiales, financières, organisationnelles... Il y a enfin le jacquet pur et dur, le vrai, qui pérégrine seul avec le moins de confort possible depuis Le Puy jusque Compostelle, la tente et le réchaud dans le sac et le sac de couchage par-dessus, coquille de Saint Jacques accrochée par derrière.

Depuis quelque temps le Chemin semble avoir été happé par le commercial, en particulier par des agences spécialisées dans le voyage, les circuits de randonnée. Oui pourquoi pas, chacun a le droit de randonner comme il veut. Heureusement en France, les gîtes n'ont pas trop augmenté leur prix et ce, qui plus est, pendant et après la crise du COVID. Cet aspect commercial ne se ressent pas sur le terrain pendant la Marche, et comme je n'ai dormi que dans les gîtes de groupe, je ne l'ai pas du tout perçu. Une raison de plus pour accepter et être tolérant pour ce type de voyageurs Cheminants. Il n'y a pas de raison pour que chacun ne puisse pas faire comme il veut, comme il peut, du moment que cela n'importune pas. S'il y a du business et toute la logistique qui va avec et que cela ne se voit pas, tant mieux, c'est bon pour tout le monde, chacun y trouve son compte. Cet aspect commercial fait que le Chemin est beaucoup plus connu et donc bien plus emprunté qu'il y a trente ou quarante ans, permettant à l'économie locale de persister et à certains villages de garder une certaine activité, une certaine attractivité. Combien de villages n'auraient plus aucun commerce sans cet usage du Chemin ! En particulier sur les variantes.

Quant à moi, j'ai toujours choisi l'option la plus simple, et non parce que c'est la moins chère. Dormir dans des dortoirs plutôt que dans une chambre individuelle ou même à trois lits, me semble plus vrai, plus simple, plus authentique, plus fraternel. Et plus enrichissant.

De toute façon, je ne me vois pas en train de réserver une chambre individuelle quand il y a un dortoir : je préfère le dortoir à l'isoloir. J'aime bien la solitude, que j'ai appris à appréhender, à apprivoiser, à apprécier, mais j'aime aussi la conversation, la convivialité, la confraternité. C'est le panachage judicieux de ces deux ingrédients qui offre la bonne recette au menu du pèlerin : à chacun son dosage comme je l'expliquais dans un chapitre précédent. Le pèlerin touriste aura une recette à 100% de groupe et de relationnel, le pèlerin pur sera proche de 100% solitude et dénuement.

Il m'est arrivé plusieurs fois de me retrouver seul dans une chambre avec plusieurs lits ; je ne m'y attendais pas et j'en étais déçu, mais en même temps, j'en prenais mon parti sachant que lorsque le périple sera fini, j'aurai vécu toutes des situations différentes au niveau du repas du soir et du couchage. Et je prenais cela chaque fois comme une nouvelle expérience, comme une fatalité acceptée parce qu'acceptable, presque souhaitable finalement. Mais je conçois aussi qu'un pèlerin ait envie d'être seul même la nuit ; et peut-être que le lendemain, il préfèrera prendre son repas du soir et dormir en compagnie. C'est le choix légitime de chacun : à chacun sa dose de solitude et sa répartition tout au long de son parcours. Mais à l'inverse de ceux qui recherchent un vrai « minimum de confort », il y a ceux qui veulent un « minimum de confort », c'est-à-dire en fait un « maximum de confort » : à chacun sa dose de solitude et de confort tout au long de son périple.

Le Chemin voit donc défiler un panel de pèlerins de tous bords, de tout poil, ayant les mêmes buts et des motivations similaires, mais ils sont tous différents les uns les autres.

En outre, leur nombre est devenu assez important pour qu'ils reflètent plus ou moins notre société. On y trouve des croyants et des non croyants, des gens de gauche et des gens de droite, des gentils et des moins gentils…des petits et des grands (lol), etc…Il y a sans doute une exception : les gens très pauvres et les gens plutôt riches. Les gens du Chemin représentent ainsi ce qu'est notre société, notre mode vie, nos habitudes.

Il ne faut pas croire que parce qu'on « fait le Chemin », on est parfait ou parfaitement vertueux : le jacquet peut aussi avoir des défauts capables de ressortir au grand jour sur le Chemin.

Cela peut se produire d'autant plus lorsque l'on est en groupe car se côtoyer 24 heures sur 24 ou presque révèle souvent les failles et les faiblesses des uns et des autres. Dans un monde où l'égoïsme et l'égocentrisme gagnent du terrain, cela peut arriver, même dans un groupe qui « s'entend bien ». Le Chemin est alors un révélateur des capacités de chacun à vivre ensemble, de la dimension des egos, et tout simplement des caractères.

Il m'est arrivé plusieurs fois d'être confronté à cette réalité. L'anecdote qui m'a le plus marqué, bien que relativement anodine, m'est arrivée en une fin d'après-midi sur le bord d'un sentier large et bien boisé. J'ai alors un petit doute sur le reste de mon parcours et je veux consulter sur mon téléphone une application qui me situe sur une carte. C'est un téléphone que je viens juste d'acheter et que je ne maîtrise pas encore bien. L'écran est tellement sombre que je n'y vois rien : que faire ? En fait, comme il ne reste que 20% d'autonomie, il se met en mode économie ; et ça je ne le sais pas, je ne sais même pas alors que cette fonctionnalité existe ! Je me mets rapidement sur le côté du sentier pour être à l'ombre de grands arbres, dos au chemin… et je continue à galérer puisque le téléphone est toujours en mode économie ! Je bidouille, je merdouille, et m'énerve un peu intérieurement. Penché sur mon appareil, j'aperçois quand même un pèlerin à environ cent cinquante mètres ; moi je continue de bidouiller, de merdouiller, de…

Il arrive vraiment tout près de moi, je ne m'en

rends même pas  compte, trop occupé que je suis à bidouiller encore, à…Je ne m'en aperçois qu'au moment où il passe derrière moi : je sens juste qu'il passe ; je le sens plus que je ne l'entends puisqu'il ne me dit pas un mot. Pas même un « Bonjour » ou un « Buen Camino », encore moins pour me demander si j'ai un problème. Il passe, il passe son chemin, sans dire un mot, sans faire un signe, sans se signaler, sans s'arrêter. Encore quelques mètres et il est passé, je suis sidéré ; je me retourne vers lui, le regard stupéfait, dépité, presque mécontent. Il est déjà à une bonne dizaine de mètres, et voilà qu'il se retourne vers moi : il sent peut-être la vigueur de mon regard lui transpercer le dos ? Il voit que je le vois, il me regarde le regarder, et me lance ou me balance alors un « Bonjour » moyen tout en continuant sa marche (je n'écris pas « Marche » en ce qui le concerne, il n'a pas droit à ma majuscule !).

C'est un bonjour obligé, pas naturel, pas sincère, un bonjour de politesse que je reçois. Sauf que la politesse, juste la politesse, eût été de me dire bonjour avant. J'aurais sans doute préféré qu'il ne se retourne pas et qu'il ne se sente pas obligé. J'ai croisé une personne pas sympa, et ça me chagrine, ça me chiffonne, ça me chafouine. Ce ne doit pas être dans les habitudes de ce drôle de zèbre de dire un petit bonjour ! Mais pourquoi donc s'est-il retourné ? A-t-il eu un remords ? Et en ce cas, qu'est-ce que ça aurait changé si en se retournant il ne m'avait pas vu me retourner ? J'en suis tout retourné, le laisse prendre du champ et retourne sur le Chemin en essayant d'oublier ce petit incident, ainsi que le petit incident lié à mon téléphone : je me dis que je vais bien y arriver… à l'arrivée.

Pourtant, je ne suis plus naïf : si la plupart des jacquets sont sympas, très sympas même, je sais aussi que dans la « masse », il y a des « intrus ». C'en fut un. Je reprends le Chemin à bras le corps avec quand même, au fond de moi, quelque illusion perdue remontée à la surface.

*Quand on va vers Compostelle*
*On ne se demande pas*
*Si on est sur le bon chemin*
*On y est*

Même si tout ceci n'est pas grave, un comportement ponctuel est sans doute révélateur d'une personnalité dans sa globalité, et savoir que l'on peut côtoyer ce genre de personnes est une idée que j'essaie d'effacer de mon esprit. Et j'y arrive ! car il y a tant de petites et de grandes choses positives à cueillir sur ce Chemin Magique.

*Des chemins*
*Il y en a beaucoup*
*Mais il n'y en a qu'un*
*Qui me fasse autant de bien*

*Chemin de liberté*
*Cheminement de ma pensée*
*Chemin de vérité*

## *Sur le Chemin*
### *Aller à la pêche aux émotions*

Voici une autre anecdote, cette fois concernant « l'esprit de Saint Jacques » dans le sens religieux du terme.

Il est midi trente et j'espère trouver un endroit propice au piquenique dans le prochain village, Castet-Arrouy. Effectivement, il y a une toute petite place ; elle est placée devant l'église ainsi qu'un café qui est fermé. Sur cette place, quelques tables et des chaises invitent à une pause plus ou moins longue. Deux jacquets y sont déjà installés prenant leur repas. Avant de manger moi-même (lisez plutôt « avant moi-même de manger », lol), je rentre dans l'église, elle est grande ouverte ; elle est dotée d'un porche suffisamment grand pour qu'une grande table en bois ait pu y être installée avec un banc. Je rentre dans l'église où je fais quelques photos, je m'installe à table et déballe mon repas : je suis seul à table : tant pis tant mieux. J'y reste pendant environ quarante minutes et je ne vois personne rentrer dans l'église ni même s'en approcher. Et pourtant ! pendant ce laps de temps, je vois arriver en solo ou en petits groupes une bonne quinzaine de jacquets ; ils s'arrêtent juste pour faire une petite pause et se reposer, d'autres juste pour sortir la gourde et repartir aussi sec, et la majorité pour piqueniquer sur la place. Certes certains s'y retrouvent à se parler et à passer sûrement un moment agréable, mais aucun ne s'intéresse à visiter l'église située à…10 mètres.

J'en suis sidéré. J'aurais plutôt pensé le contraire, croyant ou pas croyant. Par contre, à l'arrivée au gîte, tout le monde s'agite pour se faire tamponner sa crédenciale, cherchez l'erreur. Et là, je perds encore une de mes illusions !

L'esprit de Saint Jacques, s'il semble se perdre quelque peu, est-ce pour autant si grave, docteur ? Moi-même (et non « même moi »), je ne suis pas Parti sur le Chemin avec cet esprit-là : le Chemin appartient à tous fort heureusement, chacun en fait ce qu'il veut, à condition bien sûr de le respecter. C'est juste un constat. Cet esprit s'estompe sans doute au profit de l'esprit de randonneur... et ce n'est pas si désagréable que ça.

Lorsque des gens qui ont la même passion, le même hobby, se rencontrent, le contact, et ensuite la relation, se font naturellement plus faciles dans une sorte de confraternité. Il en est ainsi des mineurs, des marins, des naturistes, des véliplanchistes etc...

Pour ce qui me concerne, moi qui suis plus un jacquet qu'un pur pèlerin, je Marche cependant avec un état d'esprit qui rejoint celui du pèlerin : je respecte le Chemin au plus haut point au point de l'aimer, de l'Aimer et je me confonds avec lui.

***Je suis sur le Chemin***
***Je le suis***
***Donc je suis le Chemin***

Il me rappelle ce que je suis...

> *Retour à la source*
> *À l'essentiel*
> *Je me ressource*
> *Loin de l'artificiel*

…Jusqu'à devenir comme une drogue douce puisque ce retour à l'essentiel devient essentiel.

> **Quand on va vers Compostelle**
> **En plus des pieds**
> **On se sent pousser des ailes**

Les difficultés deviennent aubaine, chance, bonne fortune. Imaginez un sentier long, plat, large, rectiligne, comme une autoroute, quoi ! Il faut un peu de difficulté, elle forge le caractère, donne toute sa valeur au Cheminement, au mérite, et valorise la satisfaction personnelle. Pour voir le côté positif des choses, il faut, comme me conseille mon amie Béatrice, dire « Grâce à », et non « À cause de » (depuis ce temps, je la surnomme « Grassa »).

La facilité n'apporte rien, comme elle n'apprend rien.

Le Chemin reflète ce qu'est notre vie : ses joies et ses douleurs, ses bonheurs et ses déceptions, ses rudesses, ses incommodités, ses chemins de traverse. Au fond, il nous rappelle discrètement ce que nous sommes au fond de nous-mêmes.

**Naturel, le Chemin rappelle l'essentiel**

## Les sens, les sensations, le paysage

*La beauté est dans les yeux de celui qui regarde*

*Oscar Wilde.*

La première chose à faire dès que l'on entre dans l'univers du Chemin, c'est de s'y inscrire, et cela se fait progressivement. Le Chemin, ce ne sont pas que des cailloux et de la boue, des montées et des descentes, de l'herbe verte couverte de rosée qui emmouille les pantalons. Ce ne sont pas seulement des sentiers mis bout à bout avec au bout un but commun. Il n'est pas qu'un lieu de rencontres, d'introspection.

Le Chemin traverse des territoires et des terroirs, des géographies et des géologies, des bourgades et des hameaux, des villes et des coins reculés. Mais il traverse aussi les paysages. Le paysage fait partie de mon itinérance, certains diront errance, il participe au Chemin qu'il particularise. Mais quand je parle de paysage, ce n'est pas uniquement le point de vue à perte de vue que l'on peut avoir du haut d'une belle côte. Il y a le lointain ; mais entre moi et lui, il y a pleins de crans, d'échelons intermédiaires jusqu'au plus proche. Il y a le d'abord le bord du Chemin, puis ses abords, et derrière, le bord de la rivière, le bord de la forêt…Seulement après, il y a les différentes profondeurs du paysage.

*« Le Chemin est beau*
*Parce que tu le fais »*

Dommage que les bords du Chemin ne soient pas ce que l'on regarde de prime abord ; personnellement, j'ai les yeux fixés sur eux, ce sont mes premiers compagnons, mes premiers guides ; puis je regarde un peu plus loin, juste un peu plus loin, puis encore plus loin, puis seulement au plus loin. Ainsi, j'ai l'impression de m'évader encore plus : l'horizon, le lointain n'est pas que devant moi, il est partout autour de moi, il m'entoure, m'encercle, m'envahit, je me situe dans l'espace, l'espace du Chemin. En voyant tout ce qu'il y a à voir, je m'immerge volontairement dans l'esprit du Chemin.

*À force de regarder*
*D'observer*
*D'admirer*
*La beauté*
*Soi-même on se la crée*

Un paysage, ce n'est pas qu'un décor, c'est-à-dire juste quelque chose en plus, qui serait anecdotique, annexe, anodin ; un peu comme au théâtre où le spectateur a les yeux fixés ou rivés sur les acteurs. Le paysage n'est pas à côté du Chemin, il est le Chemin ; le Chemin n'est pas qu'un passage où le pèlerin pose ses pieds, c'est le paysage qui avance avec lui. On a tendance à ne regarder du paysage que le plus lointain, mais si l'on regarde plus près, tout près, il est d'une richesse infinie. C'est ainsi que le décrit Alexandre Poussin : « *Le randonneur est un moissonneur de beauté* ».

## *Heureux celui qui regarde tout*
## *Il gardera tout*

Le décor est « invivant » alors que le paysage, lui, bouge et change, fourmille et frétille ; il donne sa force au Chemin qu'il rend élastique et vif, vivant et vibrant. Le Chemin, sans lui, ne serait rien moins qu'un long couloir sans fin, sans d'autre faim que l'arrivée.

Oui, chaque instant du Chemin doit être goûté dans l'instant comme chaque espace s'écoule quand s'égrènent les kilomètres, les hectomètres, les mètres, et comme le dit fort bien Fréderic Gros : « *Être dans la nature est une sollicitation permanente* »

Tous les paysages sont multiples ; un même paysage est fourmillant, pluriel, en zone montagneuse comme ailleurs : ils changent, bouillonnent, foisonnent au fur et à mesure que l'on avance. De plus, il est banal mais symptomatique de dire qu'en même temps qu'on avance, on change soi-même insidieusement, en s'y insérant, par petites touches comme un peintre impressionniste ou pointilliste travaillant sa toile.

## *Chemin unique*
## *Chemin multiple*

D'autant que chaque paysage est triple, à condition bien sûr d'être intéressé et sensible à cette triple vision, de la rechercher, de ne pas se contenter d'avancer un pied puis l'autre, et d'y prendre le temps qu'il faut afin de s'y intégrer.

*Ne contemple pas hâtif*
*Prends tout ton temps*
*Sois contemplatif*
*Et tout le temps*

Le triple visage du paysage est quasi permanent et demande donc une attention soutenue dans un but de plaisir immédiat, mais aussi pour « se sentir dedans », c'est-à-dire sur le chemin et dans l'espace du Chemin. Pour être triple, le paysage doit être regardé de face, mais il faut sans cesse, dès que c'est possible, regarder à gauche, regarder à droite, regarder où l'on met ses pas, et recommencer. Sans oublier de lever la tête et regarder en l'air le ciel, la cime des arbres, un rapace, les toits des belles demeures…

*Je tourne la tête pour tout voir*
*J'en ai la tête qui tourne*
*C'est pour m'émouvoir*

C'est de cette façon qu'un même paysage se transforme au fil des pas. Par contre, celui qui se trouve en face reste sensiblement le même, le fait d'avancer ne faisant que le zoomer ; il ne change vraiment qu'après plusieurs zooms successifs. De plus, quand on regarde sur les côtés, c'est comme dans un film : il y a un premier plan qui semble se décaler par rapport à l'arrière-plan qu'est le paysage, donnant un dynamisme permanent à la scène, rendant vraiment vivante la vue du paysage pourtant figé en réalité. Et que dire de la vue en arrière !

Derrière soi, il y a l'espace que l'on vient de parcourir et de découvrir, qui laisse un souvenir ; mais le voir juste un peu plus tard après un simple demi-tour change totalement le regard porté sur lui. En ce sens, le paysage, en plus d'être triple, est double ! C'est pourquoi je m'arrête parfois pour regarder derrière moi.

*Joli panorama*
*Je fais la photo en pano*
*Ainsi je sais où je vais*
*Et aussi d'où je viens*

Vous trouverez peut-être que j'exagère, que je me fais un film, c'est pourtant ma réalité, la réalité du film de la caméra de mes yeux.

*Sur le Chemin, contemple*
*Retourne-toi*
*Aussi sur toi*

Quand je Marche, je regarde le moins possible mes pieds, les cailloux, les petits reliefs du sentier. Mon passé de sportif, en particulier dans les sports collectifs, m'a appris à savoir regarder partout à la fois ; et à considérer les quelques mètres devant moi en les « photographiant » pour les mémoriser afin de savoir s'il est possible de regarder le plus possible le paysage tout en gardant une certaine sécurité sur l'endroit où poser les pieds. Si ce n'est pas possible pendant trop longtemps, je me fais une mini pause de quelques secondes pour observer.

*Je regarde, fixe, observe*
*Photographies dans ma tête*
*Pour qu'à quelque chose elles me servent*

Observer le simple, le simplement beau, le simple qui peut être beau si on le veut bien ! Ma tête tourne à droite, à gauche, en haut et en bas, habituée à la circumduction ; elle capte les instants d'espace présents comme autant de présents utiles à mon bien-être, à ma pensée, à l'évolution de mes états d'âme en somme, et de mon âme plongée comme dans un sommeil attentif.

*Du vert du bleu*
*Du bleu en l'air*
*Du vert à terre*
*Du bleu dans mes yeux*

Il faut chercher ces plaisirs simples d'autant plus qu'ils permettent dans un deuxième temps d'oublier, d'effacer presque, les petits bobos du quotidien : une erreur de parcours qui a fait perdre du temps, une ampoule au pied persistante et récalcitrante, un mal de dos récurrent, un certain manque de sommeil ; une montée difficultueuse comme celle dans la boue de Boudou peu après Moissac, et d'ailleurs signalée comme telle ! Toutes ces petites misères qui font le bonheur du jacquet, qui font du marcheur du Chemin un jacquet. Si le Chemin se mérite, le paysage, lui, envahit, aspire, accapare le jacquet absolu qui ne fait pas simplement que marcher, le jacquet qui Marche : son environnement dans sa totalité est un refuge. Le Chemin ne serait rien qu'un long ruban de rudesses si le paysage ne l'entourait pas en permanence de ses bras apaiseurs. Ce jacquet-là ouvre grand ses cinq sens comme les écoutilles d'un sous-marin scientifique en mission. Comme le dit Thierry Paquot : « *Le paysage est un don de sensations* ».

### *Pas besoin d'essence*
### *Mais de mes cinq sens*
### *Comme moteur*

Si la Rencontre m'émeut, il en est tout autant des paysages : ils me parlent, ils me disent quelque chose ; je ne peux certes leur répondre si ce n'est de leur rendre grâce et de leur marquer ma reconnaissance par ce chapitre enflammé.

### *Et moi : émoi, émois*

Nous venons de voir que la vue, parmi les cinq sens, est le plus actif, car le plus naturel : il s'agit de s'en mettre plein la vue, au sens propre comme au sens figuré.

### *« L'œil est la lampe du corps »*

Certes si les cinq sens ne sont pas tous mis en jeu, en tout cas pas en permanence, je fais en sorte qu'ils m'interpellent : je les appelle, et au final ils me rappellent que je suis sur un Chemin particulier que l'on ressent différemment que tout autre chemin.

*Tout ce que je sens*
*Tout ce que je ressens*
*Se transforme en émois*
*Qui se diluent en moi*

Un jour, en piqueniquant du côté de Cabrerets, j'entends un pic piquer sur un tronc, puis peu après je vois passer un geai avec son croupion blanchâtre, traversant le chemin forestier et faisant entendre son fameux « kchèèch » rauque à plusieurs reprises ; je finis ma portion de taboulé lorsque j'entends des « couic couic » dans l'arbre derrière moi et qui ne s'arrêteront que lorsque je me serai levé pour reprendre le Chemin. Mon taboulé fini, je reste sur mon tronc d'arbre abattu et si bienvenu et je ne fais plus que simplement entendre cet oiseau : je l'écoute, assidument ; j'imagine sa forme et ses couleurs, la branche sur laquelle il doit être posé, et ce qu'il fait là : je me mets à sa place, je me demande si je le gêne ; je me dis que peut-être il me fait la conversation ou que même il enchante volontairement mon repas de son chant. Je fais marcher mon imagination au maximum. Au final, j'aurai savouré tout autant mon taboulé agrémenté de chorizo que ce chant d'oiseau épicé de plaisance.

*Un geai un pic un couic*
*Trois oiseaux là-haut*
*Chouette ! dis-donc ce piquenique*

Dans cette petite anecdote, un deuxième sens est entré en jeu, et par la grande porte ! Et je ne parle pas des odeurs de pin chaud illuminant le petit coin herbu où je me sentais si bien. C'est un sens qui entre en jeu couramment dans la vie courante ; mais dans la solitude de la nature, il est moins évident, et pourtant ! Chaque bruit, si infime qu'il soit, est une présence, qu'il soit proche ou lointain. Proche comme celui de mes pas sur les feuilles mortes.

*Des bruits sous mes pas*
*Le Chemin bruit, murmure*
*Et m'emporte*

Lointain comme ce coq matutinal dans le petit jour gris de Durfort-Lacapelette.

*Coq au loin*
*Bientôt coq au vin ?*
*Chacun son destin*

Même tout ouïe, je n'entends pas toujours tout, mais au moins j'essaie d'être à l'écoute lorsque j'ai le regard fixé sur le paysage ou sur un simple détail, et même si c'est la vue qui semble prendre le dessus, je m'efforce d'ouvrir toutes mes écoutilles.

*Plein la vue*
*Plein les oreilles*
*Et c'est merveille*

C'est ce qu'il m'est arrivé sur la variante du Célé du côté de Béduer, sur les bords de cette rivière magnifique près de l'arrivée à Espagnac. Le Chemin longe la rivière, ma rivière, ma rivière préférée, mon amour. Sur une très longue distance, l'univers proche est constellé de verts, faits de vieux murets démantibulés et surtout d'arbres et d'arbrisseaux noirâtres mais couverts d'une mousse super épaisse.

***La mousse caresse les troncs***
***Ils vont bien ensemble***
***Harmonie unisson***

Je décide dès le début de filmer ce passage quitte à faire des demi-tours, des marches arrière pour refaire le Chemin sans filmer. La scène dure environ trente minutes : quel pied !!! Merci le Célé. Quelques semaines après être rentré chez moi, je visionne ces mini films sur mon ordinateur ; et quelle ne fut pas ma surprise d'entendre très nettement le bruit de mes pas sur le lit de feuilles sur lequel j'avais Marché si longtemps, et que je n'avais même pas remarqué ! Certes ce bruit était amplifié par la vidéo, mais quand même ! J'étais tellement absorbé par le spectacle visuel de cet endroit si particulier où je me croyais en Amérique du Sud, que presque seulement ma vue fonctionnait ; en ce cas c'en était l'essentiel, mais cela me prouvait clairement qu'un sens peut en cacher un autre. J'avais d'ailleurs écrit in situ ce haïku :

*Près de moi*
*Le Célé s'entend*
*Serpentant*
*Son seul bruit me suffit*

L'ouïe avait donc bien fonctionné, mais uniquement en direction de mon Célé d'amour ! Sur le Chemin, il est plutôt facile, pour peu qu'on le veuille bien, de regarder comme d'écouter, car la Marche se déroule dans la solitude, dans la nature et dans le silence général. Or, dans un silence, chaque grain de bruit atteint plus facilement l'oreille attentive. Les petits bruits microscopiques entendus au petit matin, loin des boulevaris citadins, sont bien perceptibles et résonnent dans le paysage endormi.

*Dans le silence infini*
*Chaque bruit*
*Se démultiplie*

Le moindre bruit dit quelque chose : une portière qui claque au loin au tout petit matin, c'est une infirmière partie soigner son premier patient, un commerçant parti s'occuper de son magasin avant l'ouverture, un père de famille parti conduire son enfant à l'arrêt du bus scolaire dans le village voisin… L'on peut imaginer toute chose. Quant à moi, dans cette situation, j'aime à élucubrer sur ce qui peut se passer, cela m'évade et me fait toucher du doigt que je suis en dehors de ce monde commun, de l'agitation fébrile du quotidien, et surtout que je suis un privilégié.

Et je veux vivre une solitude intensément. Par exemple, je suis particulièrement sensible au chant des oiseaux, au bruit de leurs ailes ; même s'il y en a moins qu'avant, le paysage est assez vaste pour en accueillir suffisamment et de pouvoir en profiter vraiment. Dans le Lot, par exemple, on entend presque constamment un coucoulement lointain. Souvent je l'entends, mais je m'aperçois parfois que je le « désentends » alors qu'il est toujours là bien présent.

***Des mésanges chantent***
***Ma pensée les écoute***
***Ma marche se fait lente***

Ainsi je les guette, je les cherche même, en particulier dans le haut des arbres, même si je n'entends rien. Bien sûr c'est difficile à observer, surtout en Marchant, mais lorsque j'en entends un, je cherche dans quel arbre il se trouve. J'ai compris, à l'expérience, que l'oiseau se trouve toujours plus loin que ce que l'on croit, son chant, même léger, est puissant et part loin ; je mène une sorte d'enquête en quête de l'oiseau mystère ; certes c'est pourtant souvent l'échec car le jacquet que je suis se doit bien d'avancer malgré tout. Peu importe ! je sais qu'il est là, et si je ne l'ai pas vu, je l'ai entendu, je l'ai même imaginé, aimé, je me suis en quelque sorte connecté à lui, car si moi, je ne l'ai pas vu, je sais que lui il m'a vu.

Nous nous sommes rencontrés, nous nous sommes un peu connus !

*Cui cui dans les arbres*
*Je regarde en l'air*
*Les feuilles s'éclairent*
*Le silence disparaît*
*Je suis à l'arrêt*

Bien sûr, cela me demande un certain sens de l'observation, mais j'ai une certaine habitude puisque j'ai fait jusque récemment de la photo animalière.

Si l'échec se confirme, pas grave ! Je n'ai pas vu, mais j'ai observé, cherché, détaillé les arbres plus ou moins proches et j'ai pu profiter d'une observation plus globale du paysage immédiat. Quand je cherche l'oiseau dans l'arbre, j'ai l'impression de grimper moi-même sur les troncs et de me trouver au sein des branches ; c'est bientôt si je ne sentirais pas arbre moi-même. En explorant visuellement l'arbre (idem pour la nature en général), je m'y immisce sans me sentir pour autant intrus, c'est pour moi un summum de bonheur, et pour moi, habitant d'un petit village de trois cents âmes, c'est pourtant un honneur de quitter mon habituel et de me sentir accepté et serein au sein du milieu végétal qui par ailleurs devrait être au centre de nos préoccupations.

Un troisième sens opère aussi en moi : après la vue, après l'ouïe, voici venir le toucher. Ce troisième sens joue en filigrane chez moi : bien sûr que je ne passe pas mon temps à frôler les murets de ma main, ni à m'arrêter toutes les deux minutes pour leur caresser leur peau de mousse, ou pour aller tâter un feuillage tombé. Bien que !

Il ne s'agit pas non plus du contact de mes semelles épaisses avec différents types de sol ! Ce troisième sens est plus subtil, il provient d'un élément naturel omniprésent qui me touche, me caresse, ou me heurte. J'y suis d'autant plus sensible que je me découvre au fil de la journée lorsque monte progressivement la température de l'air : le soleil qui touche ma peau ! oui mais surtout l'air et le vent.

*Et ce vent*
*Toujours présent !*
*Dès ce vent*
*Encourageant*
*Il caresse mes bras*
*Anime mes pas*

Ce vent, que l'on croit absent ! et même s'il l'est vraiment, c'est l'air que je ressens : frais, chaud ou tiède, il est là, sur moi, autour de moi qu'il ceint, latent. J'en ai tellement besoin que même s'il est nul, je le trouve excellent. De toute façon, le fait d'avancer à quatre à l'heure en l'absence totale de vent, c'est comme s'il y a un vent de face de … quatre à l'heure sur le visage, les bras, les cuisses. Même léger, il est persistant, insistant sur mes pores à l'écoute, grands ouverts.

*Soleil alternatif*
*Dans les branches les feuilles*
*Petit vent lascif*
*Que mon corps recueille*

## *Sensibilité, sensitivité, sensorialité*

Pas besoin de sensationnel pour éveiller les sens, le besoin de sensations fait tout le travail : il suffit d'être sensitif voire sensoriel ; pas besoin d'un spectacle insensé pour aiguiser la curiosité, à condition d'avoir cette sensibilité à fleur de peau. Si on le veut bien, et que toutes les écoutilles sont ouvertes, chaque élément du paysage fait sens, dans le sens de l'esprit du Chemin, et fait jouissance dans l'effervescence de l'esprit du pèlerin. Du plus simple et banal au plus magnifique et exceptionnel, il en faut tirer le maximum, la quintessence, le nec plus ultra. Comme si l'on exprimait le jus du citron jusqu'à la dernière goutte.

## *Mes sens par essence sont sens dessus dessous*

C'est ainsi que la solitude, non seulement ne pèse pas, mais devient si légère qu'elle devient une bonne compagnonne qui emmène dans les éthers proches de la félicité, loin des sollicitudes de la cité, de la vie familiale et professionnelle, du sérieux asservissant de la vie.

Il n'y a donc pas de sens unique, encore moins de sens interdit, je me l'interdis ; il n'y a que des sens giratoires : ceux autour de soi et ceux inscrits en soi, dans les paysages ostensiblement pénétrés, et dans son cerveau virevoltant de désirs.

Un phénomène vient se rajouter à ce tableau idyllique. Une certaine magie créée par le cerveau humain : la capacité d'oubli qui permet au pèlerin de zapper de sa mémoire, par effet de focus, ce que son subconscient lui dit de zapper, à savoir les parties du parcours et les instants paraissant sur l'instant désagréables : les bouts de route interminables, les chemins tracés sur le bord des routes, les entrées et les sorties de bourgades avec leur cortège perçu comme insoutenable de toutes sortes d'enseignes, toujours les mêmes, de zones commerciales, artisanales, industrielles ou dites « d'activités », de zones résidentielles, ces zones que l'on aimerait bien éviter, de zones urbaines à l'architecture disparate et inappropriée. On dirait que le Chemin les a posés là, le plus moche possible pour pouvoir mieux en apprécier ce reste qui s'ancre dans la mémoire. Mieux : la mémoire, et rapidement, a ce pouvoir de les effacer pour ne garder que le meilleur : la nitescence de tout ce qu'il y avait avant et après.

*Le Chemin n'est pas sublime*
*Il est royal*
*Et c'est moi le roi*

Tout comme l'effort se dissipe pour créer le bonheur, celui d'avoir fait, d'avoir vécu, d'avoir aimé, le pèlerin ne retient que le positif d'autant qu'il sait en Partant à quoi s'attendre : du plus tendre au plus dur. La difficulté forge non seulement le caractère, mais aussi le caractère de son état de pèlerin. À condition bien sûr que « l'aventure » se termine sans catastrophe. Pour apprécier la beauté, c'est encore mieux lorsque l'on a connu la laideur, il faut juste que celle-ci ne l'emporte pas sur la première ! Mais le Chemin, dans l'étendue de sa longueur, dans sa bonté, nous offre bien plus de la première que de la seconde, il n'y a pas photo (si : dans mon appareil et dans mon cerveau, il y en a beaucoup, lol). À ce petit jeu, c'est le bonheur de la beauté qui, au bout du compte, au bout du Chemin, gagne haut la main, presque par KO.

*Le Chemin est beau*
*Le Chemin est bon*
*Je me sens bien*
*Sur le Chemin*

## Le quotidien du pèlerin

### 1/ Démarrer tôt ?

Rien ne sert de courir, il faut Partir à point, c'est-à-dire au point du jour.

Tout d'abord, à chacun sa notion du tôt et du tard. Partons du postulat que Partir tôt, c'est à six heures et que Partir tard, c'est à neuf heures et demie. Pour le jacquet, l'heure du départ n'est pas fixée en fonction de son habitude à la maison ; est-ce pour autant par rapport aux autres jacquets ? Je ne le pense pas, en tout cas pas en France ; en Espagne, il y a beaucoup de monde sur le Chemin et moins d'hébergements et paraîtrait-il que c'est la course pour arriver tôt dans les gîtes afin d'avoir le meilleur lit, voire même tout simplement d'avoir un lit.

Chacun a sa propre réponse : le choix ne se fait pas sur ces deux critères. Soit l'on fixe l'heure de départ en fonction du kilométrage et/ou de la difficulté du parcours du lendemain, soit en fonction de la température prévue par la météo ; soit on ne prévoit rien du tout ! Mais ce n'est pas la règle générale : j'en ai rencontré qui se fixaient la même heure pour chaque étape, souvent assez tardive ; ceux-là sont ceux qui marchent vite ou qui font peu d'arrêts et sont sûrs d'arriver à temps, ou qui ont déjà réservé leur nuitée. Il y a aussi quelques jacquets cools qui disent qu'ils « verront bien » au fil de la journée, en particulier ceux qui ont une tente au cas où. Cette heure de départ est un repère, une heure à ne pas dépasser, mais lorsque l'on dort en gîte, soit en grande chambrée de dix à quinze lits, soit même en chambre de trois ou quatre, il y en a toujours un qui réveille les autres en se levant, même en faisant attention, et la chambrée s'ébranle alors lentement mais sûrement, ce qui fait que l'on part souvent plus tôt que prévu.

Tôt ou tard, il faut bien se lever, moi, c'est tôt. Beaucoup choisissent de démarrer assez tôt, vers sept heures et demie ; cela permet de prendre le temps d'un bon petit déjeuner et de partir à la fraîche alors qu'il fait déjà jour, c'est en quelque sorte un « moyen terme » : ni trop tôt ni trop tard. Quant à moi, quelle que soit la situation, j'aime partir très tôt : pour l'ambiance du petit matin, et pour avoir le temps de prendre mon temps ; et cela me va d'autant mieux que je suis très souvent réveillé très tôt et que je me lève avec facilité ; je ne sais pas rester au lit éveillé, je me lève donc d'un pied ferme et décidé, fermement décidé à entamer la journée du bon pied et du bon œil. De plus je prends sur place rapidement un début de petit déjeuner que je complète une à deux heures après sur le Chemin même, voire même en marchant (la banane et son carré de chocolat se mangent facilement en Marchant), tout ceci me fait gagner du temps.

Il m'est arrivé plusieurs fois de démarrer bien avant six heures ! Beaucoup se montrent étonnés voire dubitatifs ou effrayés, de me voir Partir dans le noir absolu dans la période mi-printemps.

Il commence à faire jour vers six heures quinze, et le soleil se lève une heure plus tard. Le matin de mon étape Cahors-Montcuq, je suis réveillé vers quatre heures et je quitte Cahors par le pont Valentré à quatre heures cinquante-cinq, montre en main. J'étais sorti du gîte vers quatre heures et demie et j'ai eu envie de faire un petit tour nocturne dans Cahors, que j'avais pourtant visité entièrement la veille. Passé le fameux pont, c'est aussitôt un long escalier très pentu qui attend le jacquet ; je l'aborde avec une extrême prudence, ma lampe frontale dans la main droite, prenant autant de précautions qu'il faut, et en faisant régulièrement une pause pour regarder Cahors by night. Puis, sur le haut du causse, le Chemin se fait plus tranquille, assez large avec quelques flaques d'eau facilement repérées par le reflet de la lampe que j'ai remis à sa place : sur mon front !

C'est une grosse heure que je passe dans le noir presque absolu dans une solitude totale que je goûte passionnément et dont je sais qu'elle ne sera pas interrompue.

Il y a en ces moments matutinaux une ambiance particulière que je ne saurais vraiment définir ou expliquer : mais pourquoi donc ? c'est la question que je me pose souvent. Ma seule réponse est que je suis au summum de la solitude car je suis sûr d'être seul sur le causse ; je pourrais tout autant être dans un désert déserté, seul sur la banquise près du pôle Nord, au milieu de l'Atlantique, que sais-je ! l'effet est le même.

## *Dans le silence extérieur*
## *J'entends mon moi intérieur*

De plus, avec l'avance que j'ai dès le départ sur les autres jacquets, je sais que je ne suis pas près d'être rejoint. Ce jour-là où il bruinait, je fais près de douze kilomètres ainsi dans un contentement sublime malgré le temps plutôt désagréable. Quand j'arrive à Labastide-Marnhac vers huit heures trente, je vois d'abord un couple de jacquets en train de secouer la tente qu'ils venaient juste de démonter avant de la mettre dans leur sac à dos ; ils avaient dormi sur un coin d'herbe à côté de l'église, ce sont les premières personnes que je vois. Il bruine toujours. Cinquante mètres plus loin se tient une épicerie-bar, elle est grande ouverte, des gens du village sont déjà là, qui au bar, qui à l'épicerie, puis arrive le couple de campeurs venus se réchauffer. Je prends tout mon temps : j'avale un grand café pour accompagner mon petit déjeuner, j'achète quelques cartes postales que je prends soin de remplir puis de poster, cela me prend une bonne heure en espérant qu'il cesse de bruiner, ce qui n'est pas le cas. Puis je reprends le Chemin en même temps que ce couple avec qui pourtant je n'ai eu aucun contact, ce n'était pourtant pas de par ma volonté. Dans la journée, je ne vois que deux ou trois pèlerins vaguement, avec qui je n'ai aucun contact non plus, et pas de par ma volonté !

Ce jour-là fut, à part la grosse heure passée dans le bar, une très belle journée dont on pourrait dire que le fil conducteur était la solitude.

Objectif atteint, note : dix-huit sur vingt ! À noter que je ne m'étais pas fixé cet objectif juste parce que je m'étais réveillé tôt. Cet espoir n'était apparu que lorsque je sortais du gîte dans la solitude et le noir cadurciens. Il est vrai que j'avais, avant de commencer mon périple, dans la tête cette possibilité qu'un jour, peut-être, cela arriverait ; c'est arrivé ce jour-là, merci Saint Jacques. Mais aussi bien d'autres fois pour mon plus grand contentement

En milieu d'après-midi, je rentre progressivement dans Montcuq, et ça me fait tout drôle : l'univers feutré de la bourgade calmement animée, les voitures allant au pas, les passants faisant leurs courses, et quelques jacquets tranquilles s'y promenant. Toute une animation paisible et pourtant si loin de l'ambiance de la journée. Cela est plutôt bien venu à mes yeux, Montcuq étant très agréable à voir. Quant au gîte et au repas du soir, je suis en compagnie de seulement un groupe de trois pèlerins philosophes dans une douce convivialité. Ce fut une super journée et j'en eus beaucoup, mais une des meilleures à mon souvenir.

J'ai fait plusieurs fois cette expérience du démarrage précoce, mais en partant un peu plus tard, vers cinq heures et demie ou six heures et ce n'était pas aussi enthousiasmant.

Pourtant, un jour, partant de Figeac vers cinq heures trente sous un ciel étoilé, très vite je brouillonne, dans le noir encore entier, ceci :

*Luit la lune*
*Loin brait un âne*
*Dans la nuit de soie*
*Mon âme en paix flâne*
*Cela va de soi*

Marchant lentement, faisant beaucoup de petites pauses qui me reposent, regardant tout ce qu'il y a à voir, et arrivé tard, ma devise en l'occurrence est :

TÔT – TOUT – TARD

## 2/ Le temps qui passe

Sur le Chemin, le temps qui passe est bien plus qu'un simple « passe-temps » : ce mot porte en lui une notion de superficiel, d'artificiel au contraire du Chemin qui porte en lui une notion de profondeur, de puissance. Et pourtant, c'est qu'on en passe du temps, sur ton Chemin, cher Saint Jacques : chaque heure compte double, dans les jambes mais surtout dans l'esprit. Même si l'on Marche lentement, le temps passe toujours trop vite ; la preuve : bien que l'on soit très content d'être arrivé au terme de l'étape, on se projette déjà sur le lendemain déjà présent dans un coin de la tête, par exemple en commençant à préparer ses affaires et en s'occupant de son sac à dos. Et le lendemain, c'est toujours le même engouement, la lassitude n'existant jamais ; chaque matin est un nouveau départ qui jouit de la même motivation, de la même douce obligation dirai-je ; obligation par rapport à soi-même, obligation d'assouvir, jusqu'au bout, un besoin vital sans être oppressant, et qu'il faut servir sans avoir l'impression de s'y asservir.

Moi qui mange beaucoup, sans pour autant grossir (merci l'hérédité), il m'est arrivé de me surprendre moi-même de ne pas avoir encore mangé après six à sept heures de marche ; mieux, de n'y avoir même pas pensé, donc de ne pas en ressentir le besoin. C'est une étape de vingt-six kilomètres et ce n'est que peu après le vingtième kilomètre (il ne restait donc plus que cinq bons kilomètres à parcourir) que je m'enquiers de manger. Arrivé au village, je m'écarte un peu du GR pour trouver un bon endroit et je trouve une sorte de grande esplanade arborée avec deux tables de piquenique. J'y mange sans avoir réellement « la dalle », je ne sais pas pourquoi mais j'aurais dû logiquement crever de faim ! Ou plutôt si, je sais pourquoi : le temps m'importe si peu, le Chemin est si fort que, tant que j'y suis et que je me sens bien dans ma tête, mon cerveau oublie mon ventre pour se concentrer sur lui-même.

Le temps n'avait plus d'échelle, ou alors une tout autre échelle ; sur le Chemin, seul le kilomètre compte dans la mesure où celui-ci est rempli de mètres, de secondes, de murets, de mousses, de haies, d'arbres pleins de branches, de bosquets, de pâturages, de champs, de jardins, de paysages, de belles demeures, de cazelles, de hameaux et de villages, le tout agrémenté de quelques rares mais belles rencontres.

Le temps ne s'était pas figé mais il s'était égaré en Chemin et je le retrouvais, parfois seulement mais uniquement pour les nécessités de la gestion de la journée.

## 3/ Gestion de la journée

Le matin, j'aime démarrer incognito tôt et sans retard car je n'aime pas trop « traîner » dans le gîte, même s'il y a d'autres pèlerins présents au petit déjeuner. Dès que je me lève, je suis dans les starting-blocks, prêt à sortir, prêt à bondir, prêt à Partir dans une doucette impatience. Quant à la solitude qui m'attend, elle ne signifie pas l'ennui, nous l'avons vu plus haut ; elle permet juste de se focaliser sur tout autre chose, sur d'autres choses.

### *3a : gestion du temps dans la journée*

Elle est propre à chacun. Le pèlerin qui fait une courte étape, soit moins de quinze kilomètres ne se pose même pas la question : à l'arrivée de l'étape il a le temps, donc il prend le temps. Même s'il démarre tard ; à dix heures même, cette distance se parcourt, à une vitesse moyenne, en quatre heures, arrêts compris, ce que le fait arriver à quatorze heures. Il lui reste alors toute l'après-midi pour faire ce qu'il y a à faire : douche, lessive, rangement, courses, et ce qu'il lui reste à faire : farniente, repos, visites, discutes, écritures…

Mais pour la majorité des pèlerins, la journée de Marche est plus longue. Beaucoup font une vingtaine de kilomètres, certains dépassent même la trentaine (de kilomètres) même s'ils ont passé la soixantaine (d'années). La question du temps leur est alors posée. À force d'expérience, chacun connaît son allure moyenne et fait vite le calcul. Quant à moi, durant la journée, je vérifie environ chaque heure mon avancement sur le parcours grâce à mon application sur le portable ; plus d'ailleurs par sécurité que par nécessité ; par curiosité aussi, et également pour « passer le temps », même quand l'ennui n'est pas là (et il n'est jamais là).

Il m'est pourtant arrivé plusieurs fois que cela revête une certaine utilité voire une certaine importance. Lors de l'étape Thémines-Rocamadour longue de vingt-sept kilomètres, je suis Parti comme souvent très tôt : il fait juste encore noir vers six heures lorsque je m'élance pour cette étape formidable. Comme à chaque étape, j'assure le coup en Marchant un tout petit peu plus vite que mon allure de base (quatre à l'heure), avec l'intention de vérifier toutes les heures que je suis dans les temps. C'est ainsi que j'arrive à mi-Chemin à dix heures à peine à Gramat et à midi à l'entrée des gorges de l'Alzou où il ne me reste guère plus que sept kilomètres à effectuer. À Gramat, j'avais bien calculé que même en reprenant mon rythme habituel, je serais arrivé vers 14 heures. J'avais donc décidé d'adopter une allure un peu inférieure à quatre à l'heure, c'est à dire une allure de vraie « déambulade », et de faire encore plus de petites pauses. La réalité est qu'il est difficile de maintenir une vitesse si faible ; conséquence : me voici à midi à l'entrée des gorges où je fais le point rapidement, le calcul est facile : restent sept kilomètres à allure lente, plus le temps du piquenique, cela me fait arriver à quatorze heures trente. Or, je veux arriver vers quinze heures trente car d'une part le gîte n'ouvre qu'à quinze heures, et d'autre part, je sais qu'il y aura des pèlerins déjà sur place dès quinze heures. En effet, l'étape normale pour arriver à Rocamadour part de… Gramat (c'est une étape très courte, la moitié de la mienne), donc les pèlerins arrivent très tôt, d'autant plus qu'ils veulent visiter, dans l'après-midi, ce village extraordinaire. Quant à moi, je n'ai aucune envie de faire la queue devant la porte, cela me rappellerait trop les files d'attente au cinéma ou à l'entrée du stade ! En arrivant à cette heure-là, j'ai aussi largement le temps de faire la visite d'autant que j'étais déjà allé à Rocamadour lors de récentes vacances dans la région où j'avais tout visité ; mais j'étais content de tout revisiter, et ce, avec un tout autre œil.

Comme je sais que les gorges de l'Alzou sont magnifiques, sauvages, et offrent un final de toute beauté avant la perle qu'est Rocamadour, il est facile pour moi de décider de ralentir encore, même beaucoup, et sûrement passionnément. De plus, il faut attaquer une descente un peu longue et quelque peu scabreuse. Aller très doucement me permet de descendre en sécurité, d'arriver à l'heure que je me suis fixée, et d'apprécier un max le paysage, les passages par des escaliers impressionnants traversant les ruines des moulins.

J'en prends plein les yeux, plein les oreilles, plein les narines pendant près de deux heures, piquenique compris.

**Le but approche**
**Brûle la fin**
**Nanard**
**Ralentis, enfin !**

Sur les trois derniers kilomètres, plus tranquilles, des parterres immenses d'ail des ours en fleurs de chaque côté du Chemin me font un festival de fraîcheur, de couleurs et d'odeurs, avant d'apercevoir, là-haut, la merveille qu'est ce village perché au riche patrimoine chrétien, et ce fut une vraie bénédiction. Dans ces conditions, il m'est plus facile de maintenir une vitesse de seulement trois à l'heure, alors que je n'y étais pas parvenu en quittant Gramat.

Malgré cela, j'arrive au gîte à quinze heures dix, où sept ou huit pèlerins attendent devant la porte que les formalités demandées par les deux hospitalières se fassent, un par un… lentement, très lentement, quelques pèlerins étant déjà rentrés. L'après-midi, j'ai tout le temps pour faire toutes les visites que je veux faire, sans me presser, en appréciant de prendre, seul, à l'écart du village, mon repas du soir face aux falaises que j'allais gravir le lendemain matin. Encore une journée de pur délice.

Ce jour-là, je fus en quasi permanence dans une quiète gestion du temps en quête d'une optimisation de la journée vers le ravissement.

Une autre fois, sur une variante « perso » de la variante du Célé, vers 12H30, je quitte l'itinéraire fléché qui essentiellement se fait en surplomb de la rivière, pour profiter de sa rive. J'ai l'espoir intense et absolu de trouver l'endroit idyllique, celui de piqueniquer sur le bord du Célé, au plus près de lui que je chéris tant. Quatre ou cinq mètres en retrait ne peut me convenir car une petite haie de hautes herbes m'empêche de l'admirer, de le côtoyer, de le caresser des yeux.

Treize heures, j'ai faim, treize heures trente, j'ai très faim, et toujours pas l'endroit rêvé pour rêvasser auprès de mon amour de Célé. Je ne me pose même pas la question de savoir si je vais m'arrêter ou pas pour manger. Si je me restaure dans un endroit que ne me remplit pas de joie, j'aurai toujours cette faim en moi et une boule au ventre. Tant que je ne trouve pas, tant pis pour mon estomac. Vers treize heures quarante-cinq, je vois sur ma gauche, côté Célé, une sorte de prairie fraîchement fauchée et le bordant ; mais un fil de clôture électrique borde le Chemin : que fais je ? Petite hésitation, grande envie… je me décide à franchir le pas, je franchis le fil, je m'approche ; c'est l'endroit, avec un E majuscule, celui que je cherchais. J'avais oublié ma faim dans ma quête ! voici qu'elle me rattrape : repas d'une grande simplicité mais doublement apprécié ! Je sais de plus, j'en suis quasiment sûr, qu'étant sur une « bretelle » d'une variante du GR, que je ne verrai personne pendant tout le temps du repas, et ce sentiment de se croire seul au monde est grisant et surtout me fait mettre en avant que je suis privilégié de vivre cet instant, d'autant que je l'ai recherché instamment. Effectivement, cet instant est resté greffé en moi.

J'y passe un moment magique avec la rivière à mes pieds, ma rivière préférée. Mon sandwich au saucisson devient un régal, et pourtant, c'est le même qu'hier. L'attente, si longue démultiplie le plaisir, les plaisirs, car ils se superposent, se surajoutent, se subliment.

Si cette anecdote n'alimente pas la problématique de la question du remps, mais plutôt celle de gestion de l'espace, je dois dire pour finir que je suis resté bien plus longtemps que prévu en compagnie de mon Célé adoré.

Pour revenir sur cette question de la gestion du temps dans la journée, lorsque je me suis décidé, difficilement, à quitter les lieux, ce n'est pas pour autant que dans l'après-midi je sois allé plus vite pour rattraper le temps passé à rêvasser les yeux ouverts dans la prairie de mes rêves. Car ce temps passé est resté présent, précieux autant que précis, dans ma mémoire, où je pourrais vous décrire les moindres détails du micro paysage qui m'enlaçait tendrement.

Dans cette anecdote, il y aurait plutôt eu une non-gestion du temps, mais volontaire et contrôlée, et au final, une vraie gestion du temps quand même puisque j'avais décidé d'arriver plus tard que d'habitude et que prévu, mais dans des délais restant raisonnables, m'ayant laissé cette superbe liberté de profiter « carpe dièmement ». Pendant cet espace-temps hors du temps, tout en comptant beaucoup, le temps était suspendu, il ne comptait pas, il ne comptait plus; il me fallait absolument le prolonger le plus possible dans les larges limites du temps qui me restait : je donnais du temps au temps dans mon petit carpe diem doucement excitant. Il me fallait aussi n'avoir aucun regret d'un désir tant espéré, recherché, calculé. C'était exaltant, envoûtant, lévitant.

### *3b : gestion de la nourriture*

Se nourrir, c'est sans doute l'occupation la plus préoccupante avec, pour le pèlerin n'ayant pas réservé sa nuitée, la recherche d'un gîte ou d'un quelconque lieu de couchage. Ce n'est pas le cas pour moi qui ait tout réservé, me réservant le droit, dans cette aventure, de m'aventurer le moins possible et de ne prendre le moindre risque au risque de la mésaventure.

J'ai résolu ce problème de deux façons. D'une part, lorsque j'ai conçu mon itinéraire, j'avais choisi en priorité les gîtes qui offrent la demi-pension. L'avantage est bien sûr la sécurité et le confort, mais aussi la garantie d'une convivialité bienfaisante lors du repas du soir, rééquilibrant de facto la solitude de la journée de Marche. Je ne me vois pas en effet noyé dans la solitude du matin au soir durant des semaines et des semaines, j'aurais l'impression de me déshumaniser, de me désocialiser. La nature, c'est bien, les gens c'est bien aussi. Il est arrivé pourtant que certains hébergeurs ne proposent pas la demi-pension et que je choisisse pourtant d'y réserver ; en ce cas il faut prévoir le jour même, ou un ou deux jours avant. Il faut donc se projeter en fin de journée sur le programme des jours suivants. C'est un critère que j'ai pris en compte quand j'ai préparé mon itinéraire, à savoir de savoir où il y a une épicerie ou une supérette sur le parcours. Tout ceci est inscrit sur chaque fiche journalière que j'ai conçue avant de Partir et que je consulte chaque soir (mon « Miam Miam Dodo » personnel). Ainsi, je n'ai aucune surprise sauf surprise, comme à Corn où il devait avoir une épicerie, mais elle est fermée depuis peu. Heureusement, je suis précautionneux : j'avais « en stock » des figues séchées, de la pâte d'amande, une banane et quelques carrés de chocolat bien noir (miam miam, la banane avec le chocolat !) bien emballé dans de l'alu (pas très écolo, mais efficace). Ces ingrédients, excepté la banane, ne me quittent jamais : ils me servent en dépannage, au cas où, mais aussi en complément dans la journée. Ils ont plusieurs avantages : ils ne prennent pas beaucoup de place, ils sont très énergétiques, ils conservent très bien ; enfin, ils ne sont pas très chers.

Quant à mon repas du midi, j'ai une boîte contenant mon taboulé amélioré de fruits secs (noix et amandes) et de chorizo ; c'est un mélange étonnant mais détonant et qui me va très bien, dont je ne me lasse pas de manger plusieurs jours de suite. Arrivé au gîte, une des premières choses à faire, c'est de mettre la boîte au frigo, et ainsi, ça conserve sans problème trois à quatre jours voire plus. Il faut juste que le lendemain matin, je n'oublie pas de la reprendre malgré mon empressement à Partir !

Lorsque se profile une épicerie, j'en profite pourtant pour acheter autre chose si nécessaire : une salade composée avec pour ingrédient de base des pâtes, ainsi qu'une ou deux bananes (difficile à garder intactes dans le sac à dos !). Au fil du temps et à l'expérience, j'ai constaté que ce « régime » me convient parfaitement puisque je n'ai jamais ressenti de réelle fatigue tout au long de mon parcours.

C'est pourquoi j'aime à dire que le Chemin me nourrit.

### 3c/ *Gestion de son physique*

Elle est d'autant plus facile que les étapes sont courtes certes, mais aussi que l'on se lève tôt pour s'offrir le droit à une journée plus longue et plus facile à gérer ; en se donnant du temps avant (le départ), on peut se donner du temps après (l'arrivée). Ceci à condition d'avoir eu son content de sommeil. C'est pourquoi le pèlerin se couche tôt : il sait qu'il se pourrait qu'il pourrait peut-être éventuellement mal dormir à cause d'un possible ronfleur professionnel, ou de quelques-uns se levant la nuit pour aller aux toilettes, et enfin par un lève-tôt comme moi qui se lève encore plus tôt que les autres et qui, malgré tous ses efforts, fait assez de bruit pour réveiller la chambrée. Ou tout simplement pour des raisons proprement personnelles (mal au ventre, au dos, au genou, à la tête, à un orteil, à un coup de soleil, pensées diverses, que sais-je encore).

Le pèlerin au long court, celui qui part du vrai départ et arrive à la vraie arrivée, qui se met mille six cents kilomètres dans la tête et dans les jambes, a tout intérêt à prendre en compte ce premier facteur : bien dormir pour bien récupérer, ne pas partir trop tard et assez tôt, ne pas se précipiter et prendre son temps sur le Chemin pour se sécuriser, se rassurer, et ne pas aller plus vite que de raison.

Les tendinites, les pieds sensibles ou irrités, les ampoules ainsi que les douleurs aux genoux et au dos, sont des problèmes souvent rencontrés ; ils peuvent surgir de nulle part, sans signe avant-coureur, en particulier les tendinites. Si pour les ampoules il y a un moyen très simple et efficace pour les éliminer, si pour les pieds sensibles ou irrités, il faut, préventivement de préférence, leur appliquer une pommade ou du talc, pour les tendinites, c'est bien plus problématique car insidieux et quasi impossible à éliminer rapidement ; ma devise en la matière est donc : P.A.P.A : Prévention Anticipation Précaution Attention. C'est pourquoi il ne faut pas hésiter à alourdir le sac à dos d'une bonne pharmacie dans laquelle on n'aura pas omis de mettre l'indispensable arnica en pommade ou/et en homéopathie pour soigner les douleurs musculaires de l'intérieur comme de l'extérieur.

Quant à la fatigue, quand elle s'installe, c'est si progressivement qu'on ne s'en rend pas compte tout de suite ! et quand elle est là, elle est d'autant plus difficile à gérer. J'ai l'exemple d'un homme d'une cinquantaine d'années qui avait une super montre super connectée qui lui indiquait nombre de critères sur son état physique ; et en particulier un indice de forme : celui-ci doit être autour de soixante-dix sur cent, ce qui devait être le cas depuis son départ quelques jours auparavant. Le lendemain matin, je vois qu'il a bien du mal à se lever : il m'explique alors qu'il se sent assez fatigué et qu'il a mal dormi. Avait-il mal dormi parce qu'il était fatigué ? ou le contraire ? Il regarde sa montre et le verdict tombe : de mémoire, il est à trente-cinq, c'est-à-dire dans un état de fatigue important selon les critères de son application. Plus tard nous décollons du gîte quasiment en même temps et vite il prend de l'avance sur moi. Il était environ dix heures quand, dans un virage à angle droit, je le vois assis sur une pierre confortable, le pied droit à l'air libre. Je m'arrête pour lui demander de ses nouvelles : il s'est assis parce qu'il a une ampoule au pied. Quand est-elle apparue ? Ce matin même très sûrement. Mais surtout, après donc seulement trois heures de Marche, il a un sérieux coup de vieux. Je lui demande alors s'il a besoin de quelque chose et me répond que non, qu'il va faire une énorme pause avant de rePartir… « comme je pourrai » dit-il. En le quittant, je lui donne la moitié de ma barre de pâte d'amande, qu'il accepte volontiers. Je ne le revis plus de la journée ni ensuite ; j'espérais simplement que ce repos prolongé et la pâte d'amande le retaperaient suffisamment pour finir l'étape correctement ; j'ai eu un moment une pensée pour lui, espérant qu'il pourrait finalement atteindre son but final.

À l'inverse, ce n'est pas parce que l'on se sent bien qu'il faut aller trop vite, limiter le nombre de pauses, ne pas assez boire, car le Chemin est long, le Chemin est parfois dur. Et lorsqu'un chemin est difficile, qu'il soit cailouteux, glissant ou pentu, il faut ne pas prendre de risque.

> *La pente est ardue*
> *Modère ton l'effort*
> *Si là-haut tu es à nu*
> *Pense à ton corps*

En allant juste un peu trop vite, on risque l'accident, la blessure, sans pour autant gagner beaucoup de temps. C'est comme sur l'autoroute où il est recommandé de s'arrêter souvent sur les aires de repos. Personnellement, je fais presque systématiquement une ou plusieurs petites pauses, même de quelques secondes lorsque ça monte fort ; je me dis que peut-être même en cette occasion, je pourrais apercevoir quelque chose d'intéressant que la concentration dans l'effort m'aurait empêché de voir !

Pour cela, il faut faire preuve d'humilité, ne pas se voir trop grand trop fort, et lorsque l'on est en présence d'autres personnes, ne pas se sentir ridicule de faire un petit arrêt de récupération ou simplement de précaution.

Tout ceci est d'autant plus vrai quand la fatigue s'installe : puisque le physique joue sur le moral, il ne faut pas jouer avec lui. « Je suis fatiguée, mais ça va aller », me dit un jour une pèlerine ; je pense que si elle disait cela, c'est qu'elle n'était pas fatiguée à l'extrême, et cela n'enlevait rien, bien au contraire, à sa motivation.

Ce jour-là, elle devait avoir simplement un « coup de moins bien », un « coup de Nanard… dirais-je en connaissance de cause (lol).

### 3d/ *Gestion de l'imprévu*

Quand on Part pour plusieurs semaines, que l'on a à Marcher des centaines et des centaines de kilomètres pendant des dizaines et des dizaines d'heures, il faut s'attendre, même tout bien programmé, à quelques surprises qui modifient l'ordre des choses. Il s'agit souvent de petits aléas sans grande importance pourvu que l'on ait pris quelques précautions d'usage et que l'on se soit gardé des « marges de sécurité ».

Il y a d'abord les conditions météo et leurs corollaires. L'état du terrain en particulier. J'ai deux amis qui se sont trouvés à démarrer leur périple alors que les jours précédents il avait beaucoup plu et que surtout, la veille, il avait pas mal neigé. En leur premier jour de Marche en Aubrac, la neige s'était vite mise à fondre, le Chemin était parfois inondé, parfois hyper boueux, sinon il était glissant et dangereux. C'était une raspoutitsa sans nom qui devait les poursuivre encore les quelques jours suivants. Ils n'avaient jamais imaginé une telle débâcle et n'avaient que des chaussures de randonnée certes, mais basses, et n'avaient pas emporté de bâtons. Ils durent gérer le problème en allant plus que doucement, en franchissant certaines difficultés se tenant l'un l'autre, en piqueniquant comme ils purent etc…

Heureusement, leurs étapes étaient courtes.

Le soir, à l'arrivée, ils passèrent beaucoup de temps à essayer de nettoyer au mieux leurs chaussures, à laver tant que faire se peut leurs pantalons et leurs chaussettes. Mais comment les faire sécher pour le lendemain quand il n'y a pas de sèche-linge dans le gîte ?

Autant vous dire les difficultés qu'ils eurent dans cet Aubrac à la météo…ukrainienne ! Il y a aussi la pluie qui peut arriver à tout moment…

Il y a ensuite la chaleur trop forte qui va aussi incommoder le pèlerin qui devra bien s'en accommoder et s'y adapter. Il lui faudra alors acheter où il peut une casquette, une deuxième gourde, de la crème solaire voire de la Biafine, un short, des lunettes de soleil, à moins qu'il n'ait eu la précaution de les embarquer. Surtout, il choisira alors, cas de force majeure, de s'élancer très tôt sur le Chemin pour profiter de la fraîcheur du matin et éviter les heures chaudes de l'après-midi. Il sera également plus attentif pour trouver un endroit ombragé pour piqueniquer quitte à en retarder l'heure ou à l'avancer.

Personnellement, je n'ai eu que deux fois à affronter une trop forte chaleur, moi qui supporte mal les températures supérieures à vingt-cinq degrés. J'ai mon petit truc à moi que j'avais expérimenté dans le sud tunisien il y a une quarantaine d'années. Je prends un gant de toilette que je trempe dans l'eau et que j'essore à peine ; j'en fais de même avec ma casquette, ultra légère, puis je mets le gant sur le dessus de ma tête que je recouvre de la casquette. C'est super efficace car ça reste humide plusieurs heures.

J'avais d'abord essayé avec la casquette seule, mais celle-ci sèche alors très rapidement. Si ce n'est pas encore suffisant, j'en fais de même avec mon T-shirt ou ma chemise.

Quant au Chemin, s'il est parfaitement balisé, ou presque, j'ai souvent entendu parler de pèlerins qui s'étaient pourtant trompés, perdus momentanément, mais qui se sont pour la plupart récupérés assez rapidement.

***Fléchage et balisage***
***Le Chemin est tout tracé***
***Pas de quoi baliser***

Il faut donc, dès que l'on a un doute, redoubler de vigilance pour repérer la prochaine balise ; si l'on a fait un kilomètre sans en voir, il ne faut pas hésiter à faire demi-tour : cela ne peut faire perdre qu'au plus vingt-cinq minutes. Moi-même j'ai été piégé plusieurs fois. Une fois parce que le fléchage n'était pas très visible : je suis sur une petite route où il faut tourner à droite et emprunter une très large et très longue partie herbeuse, si large que l'on ne voit pas de traces de passage de randonneurs puisqu'ils peuvent passer un peu n'importe où ; au bout de deux cents mètres cela se rétrécit et redevient un chemin normal, mais cela ne se voit pas au moment de quitter la route. Je continue donc la route sur cinq cents mètres mais le doute vient à s'installer ; je me dis que si je ne vois pas de balise dans les cinq cents mètres suivants, je ferai demi-tour ; en fait, je fais presque un kilomètre encore lorsque je tombe sur une petite route qui part à gauche ; j'avais vu de loin cet embranchement, c'est pourquoi j'avais décidé d'aller jusque-là. Il n'y avait pas de balise au carrefour, c'était bien le signe que je m'étais trompé. Cependant je ne regrettais pas d'avoir fait deux fois un kilomètre et demi en trop, j'avais suivi ma logique.

Une autre fois, je me suis trouvé un soir avec une pèlerine qui s'était complètement perdue dès le départ à la sortie de Rocamadour où il y a deux possibilités : prendre le GR 46 vers Cahors ou le GR 652 vers Agen et La Romieu. Cette dame, d'un certain âge, avait l'intention de prendre le GR 46 et de dormir, comme moi, à Labastide-Murat. Malheureusement, elle prit à droite le GR 652 sans voir le carrefour des chemins. Le tracé du GR 46 est plein sud tandis que le GR 652 part plein ouest puis plein sud-ouest. Elle ne se rendit compte de son erreur que très tard car elle se fiait au balisage. Elle n'avait sûrement pas étudié la veille son itinéraire où elle aurait retenu des noms de lieux-dits et de villages, et ce n'est qu'au milieu de l'après-midi qu'elle se rendit compte de son erreur ; elle essaya de « couper » hors GR pour rejoindre par des petites routes la destination prévue, mais c'était très long et elle se sentait épuisée. Elle se décida donc à téléphoner à Véronique, la gérante du gîte, pour lui demander si elle accepterait de venir la chercher, ce qu'elle fit volontiers. Ce n'est que vers vingt et une heures que toutes deux arrivèrent, la pèlerine effectivement exténuée, au bord du malaise, mais sauvée. Ouf !

Il faut toujours bien faire attention au balisage, mais surtout se renseigner précisément sur le parcours avant de commencer sa journée. Heureusement, elle dormit à poings fermés, mais je ne la revis point le lendemain matin où j'appris par un autre pèlerin qu'elle semblait avoir bien récupéré.

*De fléchages en balises*
*Je progresse en sécurité*
*Je fais ma propre analyse*
*Je progresse en humilité*

Il ne faut donc pas croire que parce qu'on fait attention au balisage, il n'y a pas de risque de sortir du Chemin, il peut y avoir à un moment donné une perte de vigilance due à un rien du tout, à une autre occupation ponctuelle comme regarder son portable, se gratter le bout du nez, ou admirer le paysage à gauche quand la balise est à droite ; ça s'appelle se repérer ; mais il faut aussi savoir s'orienter. Souvent l'itinéraire est globalement rectiligne, tendance sud-ouest (comme on le voit sur la carte d'ensemble de la Via Podiensis, du Puy en Velay à la frontière espagnole) ; il faut garder cette notion en tête. Lorsqu'il y a du soleil, je sais que la plupart du temps il est derrière moi le matin (il se lève est/nord-est) et sur ma gauche en début d'après-midi. Si l'on constate une autre orientation, il faut la vérifier sur les quelques kilomètres qui suivent car le Chemin sinue parfois beaucoup : il faut juger la tendance globale sur plusieurs kilomètres.

Si malgré tout j'ai quelque doute, je sors de mon sac le plan de la journée que j'ai pourtant consulté et (re)mémorisé le matin même. Ma mémoire retient deux choses : d'une part les noms des villages ou hameaux traversés, et d'autre part les points remarquables du parcours à savoir les chapelles, les châteaux, les pigeonniers, les cazelles etc…Je mémorise même la distance kilométrique entre les deux ou trois villages traversés. Je Pars ainsi le matin en sécurité et en toute confiance, ce qui ne m'interdit pas la vigilance…

> ***C'est un GR où j'erre***
> ***Mais je sais où je vais***
> ***Un GR que je gère***
> ***Je suis un errant***
> ***Itinérant***

…Cela ne m'a pourtant pas empêché de me tromper plusieurs fois ! Une autre fois, j'avais rejoint les rives du Lot et je prends une longue montée en sous-bois bien large qui s'en éloigne à nouveau ; tout là-haut, un grand carrefour de chemins forestiers où le balisage indique clairement de tourner à angle droit à droite, ce que je fais ; trois cents mètres plus loin, je ne sais plus pourquoi, je tourne à droite, à angle droit, pour prendre un petit sentier hyper étroit descendant dans le sous-bois, c'était charmant, bucolique ; si étroit que c'en est un peu spécial au point que je commence à avoir quelques doutes, car ne voyant plus de balisage. Mais le sentier est si agréable que je continue, me disant que sur un tel chemin, il n'y a nul besoin de balisage. Au bout d'un bon kilomètre, je me rends compte que je ne suis plus sur le Chemin mais sur un chemin. Que faire ? Je n'ai pas envie de faire demi-tour, voulant surtout continuer de profiter de ce bel environnement. Le chemin est si étroit, la nature si dense, que j'ai une impression grandie de faire corps avec les arbres, les feuilles, les buissons, l'herbe. J'imagine presque que ce n'est pas un sentier, mais juste une trace de chevreuils. D'autre part, il eut fallu que je remonte toute la pente. Comme j'ai bien remarqué que j'avais tourné deux fois à droite à quatre-vingt-dix degrés, je me dis que je vais bien retomber vers la vallée et que je me débrouillerai pour retrouver le Chemin. Effectivement, je me retrouve tout en bas, et je reconnais sur ma droite l'endroit où j'avais commencé la longue montée. J'avais donc fait trois bons kilomètres en trop, mais en trop bien. J'ai eu un peu de mal ensuite à retrouver le balisage, mais ce fut un petit moment d'aventure, de solitude et d'excitation, loin de l'affolement et de l'énervement, ce côté imprévu m'ayant au contraire agréabilisé ma journée. Car j'avais de la marge, l'heure prévue de mon arrivée à Cahors étant aux alentours de seize heures. J'avais donc pris un risque, mais très mesuré : l'imprévu m'avait conduit vers l'improvisation, l'improvisation vers la bonne fortune, la bonne fortune vers les délices. Ainsi ma devise est :

## TANT PIS, TANT MIEUX

## Les haïkus

Le Chemin est tellement inspirant que, s'il m'a inspiré, c'est qu'il m'a aspiré. Certes, il m'a inspiré en ce sens commun qu'il m'a plu, que je me suis mis en communion avec lui, qu'il m'a mis en communication avec lui, mais au bout d'un certain temps, il a fini par m'envahir subrepticement en l'absence de mon plein gré ; pas d'emblée, progressivement, lentement mais sûrement, je m'en vais vous dire pourquoi et comment.

Il est vrai que j'écris des poèmes depuis l'âge de seize ans. Je ne les ai jamais publiés malgré les insistances de quelques amis. Mais mon inspiration est très irrégulière : je peux avoir des longues périodes de plusieurs années où j'écris à plein tube, à plein gaz, où dès que je m'assois à une table devant une feuille blanche, celle-ci se remplit très vite, suivies de toutes aussi longues périodes creuses où je n'ai même pas le syndrome de la page blanche puisque je ne pense même pas à… me mettre à table. En 2015, après une de ces périodes creuses, je me suis mis à piquer une sorte de crise où je me remis à écrire, jusqu'à quatre ou cinq poèmes en un jour sur le thème quasi exclusif de la défense de l'environnement et de la biodiversité, moi qui voyais, au bout de mon appareil photos de moins en moins d'insectes tout particulièrement. C'est ainsi qu'en cinq ans, je me suis mis à écrire plus de trois cents poèmes sur le sujet.

Et puis en 2021, plus rien, ma source s'était tarie, peut-être avais-je tout dit de ce que j'avais à dire.

En 2019, lorsque je fis ma première expérience du Chemin avec mes deux amis, malgré tout le plaisir que j'y avais éprouvé, et bien que je fusse encore dans ma période d'écriture écolo, mon stylo était resté muet, mon clavier stérile et mon carnet de notes totalement vierge de tout poème et de quoi que ce soit.

En 2021, lorsque je Partis seul, le premier soir, je trouvais dans le gîte une mini bibliothèque avec, comme souvent, quelques prospectus touristiques, mais aussi quelques documents à caractère religieux essentiellement, et quelques petits livres qui se lisent très vite ; parmi eux, je trouvais un carnet de poésies japonaises nommées « haïkus ». Interpellé par ce terme, je me suis mis à le lire entièrement. Il s'agit de poèmes très codifiés apparus en Occident seulement à la fin du dix-neuvième siècle. Pour simplifier, le haïku est un instantané décrivant une émotion immédiate. Il n'a pas besoin de rimes. Surtout, il se compose de seulement trois vers : le premier ne fait que cinq syllabes, le deuxième en fait sept et le troisième en fait cinq comme le premier. Il doit traduire une émotion passagère et s'inscrit uniquement dans le présent. Il ne nécessite donc pas une réflexion particulière dont il est justement l'opposé ; il décrit ce que l'on ressent dans l'instant. En résumé, il est le :

Le ICI et le MAINTENANT.

Mon impression était très mitigée : le fait qu'il n'y a pas de rimes me gênait et l'ensemble ne me semblait pas vraiment… poétique, au sens traditionnel du terme. J'y trouvais donc « à boire et à manger » selon l'expression populaire. Bref, cela ne m'avait pas fait TILT et j'en restais là pour la fin de l'après-midi et de la soirée.

Lors de la journée suivante, il ne se passe…rien ! Je ne pense même plus à la découverte du haïku, j'ai juste appris quelque chose. Le surlendemain, je me lève, je me lave, je « petit-déjeune », je sors du gîte et je Marche : toujours rien. Mais, vers dix heures, me vient une pensée particulière, plus qu'une simple pensée même : quelques mots qui s'enchaînent bien, exactement comme cela se passe habituellement chez moi lorsque Dame Inspiration me traverse l'esprit sans crier gare tel un TGV sortant d'un tunnel.

Sauf que ce jour-là, le TGV n'est pas le début d'un poème, mais bel et bien un début de haïku puisque ces quelques mots se suffisent à eux-mêmes et que, qui plus est, le reste s'ensuit. Je m'empresse de trouver un bout de papier pour noter l'ensemble au plus vite, car cinq minutes plus tard, je sais que ce serait perdu et que je ne me rappellerai plus que quelques vagues bribes, quelques mots dans le désordre mais dont je ne retrouverai plus l'enchaînement initial dans lequel le TGV l'avait placé. Bien sûr, le simili haïku surgi de je ne sais où n'est pas dans les règles de l'art, c'est-à-dire la règle première du « 5-7-5 », mais qu'importe !

Je suis moi-même fort surpris d'une telle apparition dans ma tête, il n'y a eu aucun signe annonciateur, j'ai même oublié la découverte de l'avant-veille. Mais du coup, je repense à quelques passages lus dans le petit livret, j'en revois quelques images, je commence à m'y replonger gentiment. Celui-ci m'avait donc travaillé au corps, travaillé l'esprit en catimini mais en douceur, allait-il m'avoir travaillé aussi en profondeur ? Je ne me pose même pas la question quand dix minutes plus tard un deuxième haïku m'arrive en trombe comme un TGV, et sans crier gare : sans le savoir, j'étais sur les bons rails ! Puis m'en vient un troisième, un quatrième, etc…, le train est lancé, et là, je le sais.

J'ai réuni et enchaîné ici deux haïkus écrits à une heure d'intervalle ; j'ai juste rajouté « Du coup » au cinquième vers afin que les deux puissent s'enchainer.

*Je sens l'instant*
*J'écris en Marchant*
*Je Marche en écrivant*
*Ça marche ensemble*
*Du coup les haïkus*
*Me viennent d'un seul coup*
*Comme des à-coups*
*De ma pensée*

Ce ne sont pas des vrais haïkus aussi parce qu'ils ne décrivent pas ce que je vois et perçois, mais plutôt de ce que je sens et ressens en conséquence de ce que je vois et perçois ; dans un deuxième temps donc. Certains de mes haïkus ont une connotation plus ou moins philosophique, d'autres se projettent dans l'avenir, par exemple la notion de temps qui passe, la vie en général, mes états d'âme par rapport à celle-ci, comme ce haïku déjà cité : « Le chemin monte et descend, tourne à gauche à droite, comme le chemin de ma vie ». En fait, mon esprit a fait l'amalgame des deux formes de poésie : la mienne, de facture classique et celle du haïku.

Ce que j'aime beaucoup, c'est, en plus de la rime, de jouer sur et avec les mots. Dans ces deux haïkus réunis, je prends le mot « marcher » dans deux sens différents ; d'autre part, je prends le mot « coup », et je le « mets à toutes les sauces », utilisant des expressions contenant ce mot. Il y a des rimes, mais les mots « ensemble » et « pensée » n'en ont pas ; encore en ce sens, mes haïkus sont des « mix » entre le traditionnel japonais et le traditionnel occidental. Ce n'est pas un parti pris, mais la démarche est venue tout naturellement (ce n'est donc d'ailleurs pas une démarche !) : le côté haïku parce que c'est une découverte-choc qui m'a fait TILT, et le côté classique de par les rimes, quand il y en a, et enfin mon propre style jouant beaucoup sur les mots : merci à Boby Lapointe, ma première source d'inspiration lorsque j'avais environ dix-sept ans.

Une fois arrivé au gîte du soir, je me mets à compter combien j'en avais écrit : quatorze ! Le robinet avait été ouvert, mon bouton « ON » enfoncé, mon TGV lancé, me disais-je.

Je touchais du doigt le pourquoi du haïku et par voie de conséquence, son sens et son utilité. Ainsi, je le définirais bien par ces mots :

Triptyque d'émotions
Simple tableau en trois coups de brosse
Moment éphémère
À-coup de la pensée
Vision
Vignette
Esquisse
Sensation choc
Pensée flash
Instantané
Immédiateté concrète

On peut dire aussi que le style du haïku est du genre « poésie libérée » puisqu'il n'y a pas de rimes, que la longueur des vers est libre, que l'on peut supprimer les verbes, les articles, bref que l'on peut déstructurer la phrase classique.

Le jour suivant, je démarre pour la journée sans avoir l'esprit préoccupé de savoir si j'allais encore en écrire. Pourtant, j'allais en écrire pas moins de trente-neuf. Ce n'était plus un robinet qui avait été ouvert, mais une cascade, un Niagara de haïkus. L'étape fait vingt-trois kilomètres, cela fait que j'en avais écrit un tous les cinq cent quatre-vingt-neuf mètres, calculette à l'appui. Comme j'avais Marché environ sept heures, cela faisait cinq haïkus et demi à l'heure soit un toutes les onze minutes en moyenne. On peut presque dire que j'écrivais plus que je ne Marchais !

Pendant cette semaine de Marche, j'avais écrit cent vingt-quatre haïkus, soit une moyenne de dix-huit par jour. De plus, durant la même période, j'avais pris près de huit cents photos, soit cent quatorze par jour en moyenne. Si je m'amuse à compter le nombre d'arrêts que cela fait par jour, il faut calculer : 114 + 18 = 132 sans compter les quelques arrêts en plus (piquenique, petits besoins, petites rencontres, changement de tenue, dépose du sac pour y tirer quelque chose, pause boisson etc…), on arrive à un total d'environ cent cinquante arrêts par jour, cinq arrêts au kilomètre (un tous les deux cents mètres !), un arrêt toutes les trois minutes. Autant dire que j'étais ivre, mais pas soulé de sensations, ni d'émotions et ni d'émois, ni d'images, ni de plaisir et ni de frissons.

Je cite ici deux autres haïkus de quatre vers écrits séparément et que j'ai aussi mis à la suite l'un de l'autre. Enchaînés ainsi, ces vers forment un mini poème à la forme plus classique et s'éloignent de l'esprit initial du haïku. Mais qu'importe si je m'extériorise ainsi ! L'essentiel est d'exprimer au mieux ce que l'on ressent !

*Mes pieds me portent*
*M'entraînent m'emportent*
*M'ouvrent la porte*
*Du lâcher prise.*
*En prise avec moi-même*
*Je m'intériorise*
*Et en poèmes*
*M'extériorise*

Ce n'est pas moi qui l'ai voulu, c'est mon cerveau, commandé par mes émotions, à moins que ce ne soit l'inverse, je ne sais même plus !

Sans chercher à être graveleux et provocateur, quasiment tous les poèmes que j'ai écrits depuis ma jeunesse sont nés d'une éjaculation poétique de l'esprit : c'est un mot, un groupe de mots, un jeu de mots qui vient me heurter, presque autant qu'une pensée ou une émotion ; sûrement que ces mots qui me surviennent sont la traduction de pensées ou d'émotions enfouies. Je m'attable alors aussitôt et l'encre se met à couler, plutôt facilement. C'est comme un robinet qu'on ouvre, à condition que la citerne soit pleine ! Mais mon robinet doit être ou intelligent ou perspicace car lorsqu'il s'ouvre, la citerne est souvent bien remplie. Il en est de même pour les haïkus écrits tout au long du Chemin. Certes, ce n'en sont pas vraiment, mais ils sont dans l'esprit et dans la forme générale, et il n'est pas question pour moi de les retravailler en quoi que ce soit : ils sont sortis sur place d'instinct, dans l'instant, sans insister, je me dois de les laisser tels quels.

Certes, j'en ai modifié quelques-uns, mais le soir même et avec seulement quelques petites retouches ; ou alors parce qu'il en manquait un morceau que je n'arrivais pas à trouver sur place ; ce morceau en était souvent la fin. Il m'est arrivé également de changer l'ordre des vers, d'un rajouter un ou deux, même s'il y avait les trois selon la règle, d'enlever ou de rajouter un mot, mais l'essentiel du ressenti dans l'instant et qui était sorti spontanément, était conservé.

*En pleine nature*
*Le Chemin est ma nourriture*
*Le terrain de mes écritures*
*Il est dans ma nature*

Je dois dire maintenant que depuis, je n'ai plus jamais écrit le moindre haïku comme s'il était pour moi intimement lié au Chemin. Je ne sais pas si cela est logique, mais c'est ainsi. Et j'aime bien que ce soit ainsi car lorsque je pense à l'un ou à l'autre, je pense en retour à l'autre ou à l'un.

## Les arrivées, l'arrivée, la Grande Arrivée.

De la cathédrale ponote à la cathédrale galicienne

*Là où je vais m'arrêter*
*Tout va s'arrêter*
*Il faudra arriver*
*À redémarrer*
*Dans la vie*
*La vraie*

C'est curieux mais, lorsque l'on s'élance le matin pour une journée entière de Marche, on pourrait penser que l'on pense, dès le départ, à l'arrivée : que nenni, le départ est bien au contraire quelque chose d'important, un préalable qui a sa propre valeur pleine et entière. Pour moi, c'est presque une chose sacrée : je ne quitte pas le gîte en me « sauvant », en giclant une fois la porte reclaquée rapidement. J'aime parcourir les quelques premiers hectomètres à vitesse très réduite pour rester encore un peu dans l'ambiance de la veille, sachant que j'aurai tout le temps et le loisir de penser à autre chose, c'est-à-dire à la belle journée qui m'attend. Lorsque je sors du gîte, c'est calmement, puis je reste quelques instants sur le pas de la porte avant que mes pas ne m'emportent. Je regarde autour de moi, je revois les derniers mètres effectués la veille avec, et c'est curieux, avec une certaine nostalgie. Je l'explique par le fait que si je suis content de m'approcher de mon but, je me dis aussi que plus j'avance, moins il me reste de jours à Marcher ; ainsi, pendant quelques minutes, j'ai un peu le blues, je suis dans un état intermédiaire mais qui ne dure pas, le Chemin étant le plus fort en offrant son réconfort.

De toute façon, la plupart des pèlerins savent le matin où ils vont coucher le soir, et l'important n'est pas là : « Le plus important n'est pas le but, mais le chemin pour y parvenir », « Le but de Marcher n'est pas le but de l'étape » ne dit-on pas ! Bien évidemment, le cas n'est pas le même pour le pèlerin qui campe le soir et qui doit trouver un terrain propice, ce qui n'est pas toujours évident. Chaque arrivée n'est qu'une étape, une bébé-arrivée, il n'y a qu'un parcours qui compte dans son entièreté, et comme il est plutôt long, qu'il ne peut se faire en un seul jour, il est entrecoupé de pauses plus longues que celles dans la journée et qu'on appelle une nuit ou une nuitée ; ce n'est qu'une pause plus longue, un temps d'arrêt, de suspension, où le temps est en suspens mais sans suspense.

À partir de ce constat, durant la journée non plus, normalement, on ne pense pas à l'arrivée le soir. Sauf pour régler quelques problèmes d'intendance comme acheter de la nourriture ou pour le soir ou pour le lendemain ; mais ce sont des obligations qui sont généralement gérées en amont la veille au soir. L'arrivée, en tant que telle, n'est ni un soulagement ni une aubaine ni une obsession…sauf en cas de problème particulier : une grosse fatigue, des médicaments à acheter, course d'alimentation à faire sans faute, ou exceptionnellement devoir se racheter une paire de chaussettes voire de chaussures ou tout autre ustensile nécessaire au Cheminement du Chemineau.

Un jour où j'étais à Saint-Cirq-Lapopie, après en avoir fait tranquillement une visite approfondie, au sortir du village, dans une rue en très forte pente, un café se dresse devant moi exhibant fièrement sa petite terrasse surélevée de laquelle la vue est magnifique (« imprenable », et pourtant j'ai réussi à prendre des photos, lol). J'ai tout mon temps pour la visite et je n'avais pas l'intention de m'arrêter dans un café ; mais c'est trop tentant, j'y monte avec la délicieuse envie d'y rester le temps d'une vraie bonne pause, de ne rien faire tant je kiffe cet endroit avec pour décor le théâtre pittoresque du plus beau village de France que je domine avec délectation et un recul apaisant.

Au bout d'un moment, je vois une très jeune femme monter la côte qui mène au village avec un vélo dit « hollandais », c'est-à-dire avec un grand cadre et un guidon plat surélevé, et de plus, peu de changements de vitesse ; son vélo semble de plus beaucoup trop grand pour elle : c'est un vélo de ville, par opposition au VTT. Je me dis : pourquoi pas, si elle habite dans le coin ; mais malgré tout, la région est semi-montagneuse, c'est bien bizarre tout ça ! me dis-je. Je la vois qui se rapproche, mais elle a de plus en plus de difficultés à diriger son vélo ; la voilà qui se met à zigzaguer à deux ou trois à l'heure sur la route heureusement peu fréquentée.

Elle avance de plus en plus lentement, si bien qu'à un moment donné, elle ne peut rester sur le vélo et va devoir mettre pied à terre ! et pan ! cela arrive juste devant moi. Je ne sais pas si elle s'est arrêtée parce qu'elle a vu le café ou si c'est par épuisement et je me mets à penser pour rigoler que c'est parce qu'elle m'a vu. Que va-t-elle faire maintenant ? Voilà qu'elle gare son vélo, voici qu'elle traverse la route, voilà qu'elle monte sur la terrasse et voici qu'elle vient s'assoir à la table la plus proche de moi. À voir son sac à dos et son vélo bien équipé, je pense que c'est une randonneuse du coin. Rapidement, vue la proximité, je lui adresse la parole et la conversation s'engage, chacun prenant son café. Elle me dit qu'elle est Partie du Puy pour rejoindre Compostelle, qu'elle a une tente et qu'elle est canadienne (je vous garantis que l'anecdote est authentique). Je me dis en moi-même que c'est logique pour une canadienne d'avoir une tente mais je ne me hasarde pas à ce jeu de mots pas si mauvais mais qui serait peut-être maladroit (on ne sait jamais le degré de susceptibilité des gens), et de toute façon, j'ai envie d'être sérieux avec elle, je sens qu'elle a des difficultés, je sens que c'est une rencontre, un échange qui peut être intéressant et fructueux, je me sens prêt à compatir.

Je me demande bien comment elle va y arriver avec un tel vélo, et l'envie est si forte que je le lui demande. Elle me répond qu'elle est partie à pied du Puy, mais que depuis quelques jours elle est à vélo, ses chaussures de marche s'étant ouvertes il y a trois jours, qu'elle n'a pas trouvé sur cette partie du Chemin de magasin de chaussures. Heureusement, il y a Internet, Google and Co. Elle décide donc, à l'aide de son portable magique, de chercher dans le secteur un vélo d'occasion, qu'elle trouva, me dit-elle, assez facilement, heureusement pour elle. Plus tard, je me suis posé une autre question : pourquoi n'a-t-elle pas cherché sur son portable une paire de chaussures d'occasion plutôt qu'un vélo ? Sans doute est-ce parce qu'il est difficile de trouver la bonne pointure qui va bien à son pied. En tout cas, je suis admiratif de sa ténacité et mesure la hauteur de sa motivation, et je le lui dis dans un but d'encouragement discret.

Voilà qu'elle quitte la terrasse et du coup, j'en fais de même, illuminé par cette rencontre, et l'on se quitte, quitte à penser à elle encore un bon moment, et à modester plus encore mon parcours beaucoup plus court, sans anicroche, tout programmé ; admiratif de telles personnes surmotivées sur un projet bien plus entier que le mien, moi qui suis dans une certaine facilité relative.

J'aurais pu lui demander si elle espérait aller jusqu'au bout ainsi, je ne l'ai pas fait parce qu'il m'avait semblé, dans certains de ses propos, qu'elle avait quand même quelques craintes, et je ne voulais pas mettre le doigt sur cette problématique. Je pense qu'elle va lui trotter dans la tête souvent, régulièrement, et j'essaie de me mettre à sa place : que ferais-je, moi, dans cette situation ? Car en plus, pratiquer le vélo n'est pas du tout pareil, physiquement et musculairement, que de faire de la marche à pied. J'ai l'exemple du voisin de mon beau-frère qui avait (et a toujours) vingt ans de moins que moi ; il avait un bon niveau au semi-marathon tandis que moi, j'avais un niveau moyen en VTT. Un jour, nous fîmes une randonnée VTT ensemble où il avait eu du mal à me suivre.

Je la vois s'éloigner avec toutes ces pensées dans ma tête, et accentuées quand je la vois redémarrer dans la pente si raide avec tant de difficultés : que c'est dur pour elle ! J'ai envie de venir la pousser par derrière pour l'aider à s'élancer, mais de toute façon j'ai un temps de retard car je suis encore sur la terrasse en train d'enfiler mon sac à dos. Arriver jusqu'à l'Arrivée, j'espère de tout cœur qu'elle va y arriver, mais j'ai quelques doutes.

Je ne le saurai jamais, mais j'ai bien peur pour elle, la motivation ne faisant pas tout, quoiqu'on en dise. Je reprends donc mon Chemin et très vite, je me dis qu'en arrivant à Cahors, distant de vingt-six kilomètres seulement, elle va peut-être penser à chercher un marchand de chaussures et qu'elle va ainsi …retrouver chaussure à son pied. C'est tout ce que j'espère pour l'opiniâtre canadienne de Saint-Cirq-Lapopie.

*Si l'obstacle t'est proposé*
*C'est pour le dépasser*
*Même dans la difficulté*

Je la vois partir… sans oser l'encourager !

Voilà cette anecdote pour dire que bien sûr, il faut toujours avoir à l'esprit que, même avec beaucoup de précautions, personne n'est à l'abri d'une quelconque difficulté.

S'il n'y a pas de pépins particuliers et que, comme pour moi, tout a été prévu, organisé, réservé et de plus mémorisé, l'arrivée du soir n'est pas un souci à se mettre martel en tête ; cela permet de n'avoir, comme principale activité cérébrale, qu'à se focaliser alors sur les attraits du Chemin.

Cependant, quand l'arrivée arrive enfin, elle se fait naturelle : c'est tout sauf une fin en soi, elle n'est pas non plus une réelle délivrance, c'est une pause avant le lendemain.

*Un dernier petit chemin*
*Sur le Chemin*
*Vivement demain*

*Nostalgie de la fin*
*Puisque j'ai encore faim*
*Du Chemin*

Dans un deuxième temps, elle impose un minimum de contingences pratiques dont on s'acquitte placidement et où l'on retrouve, pour un temps, un autre rituel : se doucher, faire le point sur son sac à dos, trier ses affaires, et faire la lessive aujourd'hui ou demain ? Faire le point sur sa journée et sur celle du lendemain, prendre un temps de repos en attendant le repas du soir, faire un petit tour autour du gîte...

Sans oublier peut-être le plus important, à savoir trouver une prise de courant pour recharger son téléphone au plus vite avant un autre jacquet. Quel que soit le lieu et le type de couchage, c'est toujours le même rituel pour le jacquet qui s'en accommode avec beaucoup de calme : l'ambiance dans les gîtes est toujours feutrée, jamais d'excitation ni d'impatience, avec humilité et sans vantardise aucune. Pour ce qui est du repas, il n'en est pas toujours de même ; les anecdotes, les récits, les aventures, les petits incidents défilent, ce sont très souvent des moments agréables qui sont relatés, à croire que les difficultés rencontrées n'ont pas existé ; on ne retient que le positif car c'est celui-ci qui domine tout le reste. Si un jacquet n'a pas le moral, il ne le montre pas, à tel point que je me demande si cela arrive de ne pas avoir le moral ! Tout juste on peut deviner un peu de doute, comme cette canadienne, mais s'y mélange l'espoir dopé par une motivation entière, et la perspective de la grande Arrivée. Tous les pèlerins ne vont pas jusque Compostelle, pour des raisons diverses et variées, beaucoup font des tronçons d'année en année, d'une ou plusieurs semaines, rares sont ceux qui Marchent moins d'une semaine. Pour tout-ceux-là, la grande arrivée n'est pas Compostelle, c'est la fin d'un tronçon, d'une aventure qui se continuera plus tard. Ils iront jusqu'à la Grande Arrivée, mais par morceaux. Celui qu'ils viennent de terminer n'est qu'un maillon de la chaîne, le début d'une parenthèse, d'un an le plus souvent, avant de Partir à nouveau pour le suivant, les rapprochant petit à petit du but ultime ; et enfin ils feront dans quelque temps le tronçon final en apothéose. Mais je le redis, l'arrivée de chaque étape se fait dans le calme malgré le contentement, dans un calme assourdissant qui en fait ne me paraît pas si curieux puisque c'est le cas de chaque jacquet. C'est parce que le Chemin lui donne tellement qu'en fin de journée, il a sa ration, sa dose, il est rassasié pour la soirée... mais pas pour le lendemain. Son objectif est bien précis, programmé, motivé ; quand arrive la fin de l'étape, il sait qu'il n'est pas au bout, il fait juste un arrêt plus long que ceux de la journée car il faut bien dormir pour récupérer. Le coureur de dix-mille mètres compte ses tours tour après tour, quand le jacquet compte ses jours jour après jour. La différence est l'effort intense voire la souffrance alors que le jacquet est dans la béatitude mêlée parfois simplement de difficulté ou d'embarras.

Quant à moi, un autre sentiment me traverse lorsque s'égrènent les derniers hectomètres de chaque étape : je me sens béatement comblé par ma journée, benoîtement heureux d'être arrivé, et « bêtement affecté » d'être déjà arrivé, même s'il est un peu tard. Même fatigué, l'arrivée n'est pas un soulagement, mais une satisfaction immédiate.

*Content d'être arrivé*
*Tout s'est bien passé*
*Triste d'être déjà arrivé*
*Demain ce sera du passé*

Oui, c'est un doux parfum de belle nostalgie qui me caresse l'esprit ; il n'est pas désagréable car mêlé d'une satisfaction immédiate d'une part et d'une expectance délicieuse d'autre part. Car je sais que demain sera aussi bon qu'aujourd'hui et qu'hier…C'est ainsi que mes sillons nasogéniens (ce sont les « rides du sourire ») se creusent légèrement toute la fin de l'après-midi, restant creusées jusqu'au repas, jusqu'à l'heure du coucher (par contre, je ne sais pas si je garde ce léger sourire en dormant !). C'est ainsi que cette attente du lendemain, contre toute attente, se fait paisiblement. C'est ainsi que l'arrivée du jour se prolonge aussi facilement avec le départ du lendemain, que tout s'enchaîne irrésistiblement, naturellement, de jour en jour, d'étape en étape, de joie en plaisir, de régal en délice, de griserie en ivresse. Quant à l'arrivée du dernier jour de Marche, je l'ai vécue dans la douceur, l'humilité et la simplicité, le contentement et la satisfaction, mais avec un gros brin de nostalgie.

*Bientôt la fin*
*Mais encore faim*
*Encore envie*
*Encore en vie*
*Mais je ralentis*
*Rallonge le temps*
*À l'infini*

*Dernier jour*
*Le pied leste*
*Ciel céleste*

*Je profite encore et encore*
*Je profite de tout mon corps*
*De tout mes sens en éveil*
*Et de plus en plus fort*

De l'ivresse, il doit en avoir des tonnes dans sa tête, lorsque le pèlerin parvient au but ultime, la cathédrale grandiloquente et la place de l'Obradoiro, et ce d'autant plus qu'il est Parti depuis si longtemps, ensevelissant pour un instant le souvenir du Chemin où il était tout petit et où l'humilité, sans être pénitentielle, était de mise.

Je donne ici mon opinion sur la Grande Arrivée à Compostelle, mais je dois dire que, ne l'ayant pas vécue, j'en rapporte ce que j'en ai entendu, ce que j'ai lu et enfin l'idée que je m'en fais en m'imaginant moi-même m'approcher et toucher le Graal, ceci en tant que non croyant.

Compostelle n'est plus depuis fort longtemps ce lieu suprême, mais modeste, qu'il a pu être du temps du roi Alphonse où la pérégrination s'achevait devant une petite grotte qui servait de sanctuaire. Il est l'aboutissement d'un long Cheminement sur un Chemin baigné de simplicité et de modestie, de rusticité et de dépouillement, et qui se finit par le faste et le somptueux, la grandeur et la puissance, l'éclat et la magnificence. Le passage de l'un à l'autre est probablement un choc. J'imagine que pour certains ce doit être merveilleux, et d'autant plus émotionnel que pour y parvenir, on passe très brutalement du plein calme du Chemin aux abords médiocres de Santiago, ses bâtiments laids et mal fichus, la circulation urbaine et ses ronds-points, ses rocades, ses échangeurs, ses industries, ses zones commerciales, bref un panel exhaustif de la société de consommation, celle-là même que le pèlerin avait fui ; puis, en approchant du centre historique, avec les boutiques de souvenirs qui ne sont que de colifichets, babioles, bricoles sans valeur, les supermarchés, les petits trains touristiques, les restaurants chinois qui sont, en prime, stationnés sur la place de la cathédrale. Passer de la noblesse du Chemin à la turbidité de la banlieue pour aboutir finalement dans le grandiose et le sacré, cela doit en remuer plus d'un. Personnellement, je crois que cela ne me plairait pas vraiment, ce serait en quelque sorte le revers de la médaille, mais la satisfaction d'être Arrivé l'emporterait peut-être, je ne sais pas. Les charmes et les beautés qui entourent la cathédrale doivent opérer sur le jacquet, et plus encore sur le pèlerin. Le fait aussi de se retrouver dans la foule et de s'y sentir anonyme, doit le déboussoler jusqu'à lui faire même peut-être oublier qu'il est encore un pèlerin ou un simple jacquet, alors que sur le Chemin, les jacquets, par nature se reconnaissent d'emblée, se rencontrent et se parlent quand ils se croisent. J'imagine que je m'y sentirais plus seul que jamais d'une solitude lourde et pesante. Ma réaction serait sans doute partagée jusqu'à en être tiraillé, et qu'au bout du compte, j'en tirerais plus de négatif que de positif dans l'instant sans que je ne prenne pour autant la décision impensable, en m'approchant de Santiago, de ne pas aller jusqu'au bout.

En fait, durant ma longue Marche, il y a beaucoup de bon et un peu de moins bon, mais au final, le principal est que le total soit du très bon.

> *Chemin partagé*
> *Qui me l'a bien rendu*
> *Chemin partagé*
> *Souvent solitaire*
> *Toujours salutaire*

Je pense ainsi qu'il me faudrait un sas de décompression, et celui-ci est tout trouvé : aller jusqu'au bout de la terre, au bout des terres : le Finisterre que l'on atteint après cinq à six jours de Marche bonus. Cette partie est la plus occidentale de l'Espagne et l'impression d'immensité doit y être immense. Je m'y sentirais vidé émotionnellement mais rempli des souvenirs du Chemin ressurgis En cet endroit si mythique, j'écrirais à Saint Jacques ceci :

> *Chemins parcourus*
> *Arrivée en vue*
> *Marcher conclu*

> *Cher Saint Jacques,*
> *J'ai Marché sur ton Chemin ;*
> *J'espère ne pas t'avoir fait trop mal,*
> *En tout cas, ça m'a fait beaucoup de bien.*

Et comme, tant bien que mal, il n'y a pas de mal à se faire du bien, autant se faire du bien sans se faire trop mal.

## Et après ?

*«« Chacun doit trouver son rêve.*
*Alors le chemin devient facile »*

*Hermann Hesse*

Après avoir créé mon propre bonheur en posant mon cerveau, le monde de l'après-Chemin redevient vite ce monde de l'avant-Chemin où l'on est écrasé par le rouleau compresseur du quotidien, son stress latent, sa super-speedité dont la stupidité ne fait que nous effleurer ; et pourtant, il est à l'exact opposé de ce que je viens de vivre avec une super avidité, et dont l'intensité m' a pénétré. Malgré cela, je m'en accommode avec une facilité déconcertante, car c'est confortable ; comme si l'expérience du Chemin n'était qu'une parenthèse sans conséquence après laquelle je reprend mes anciennes (mauvaises) habitudes. Ce n'est pas parce que l'on a Marché plusieurs semaines dans la rusticité, la simplicité, voire le dépouillement, diront certains, que l'on va renoncer ensuite aux luxes, aux excès, aux superflus, aux innécessités du quotidien. La vie reprend son cours comme le lit de la rivière après l'inondation. Et pourtant !

Le Chemin, patient et persévérant, m'avait changé progressivement, par petites touches successives, permettant de voir que l'on peut vivre de petits riens. Malheureusement, cela ne dure pas, ne peut pas durer.

Oui, la vie nous appelle et nous rappelle, nous prend et nous reprend ; elle nous surprend nous-mêmes à monter notre niveau d'exigence quant à notre mode de vie, voire notre niveau de vie, et cela sans que l'on s'en rende compte. Pour ceux qui ne sont pas à la retraite, par exemple, il leur faut bien reprendre le boulot pour pouvoir subvenir aux besoins de la famille. Bien sûr, cela peut déboucher sur une demande de mutation, un changement de domicile pour un « retour à la terre » et une vie plus simple, ou même un changement de métier plus proche de la nature. Quelques-uns le font, en cause leur saturation dans le métier ; mais peu le font après avoir connu le Chemin.

Globalement, notre vie ne change donc pas fondamentalement, mais certains aspects de notre état d'esprit peuvent changer et donner naissance à quelques petits changements dans certains comportements. Sur le Chemin, on oublie vite le négatif, et lorsqu'on retourne à la société, il faut essayer de garder cet état d'esprit pour en faire un état d'âme naturel et permanent comme une autre philosophie de la vie. Quelques cases du puzzle sont prêtes à bouger, c'est un processus qui ne peut se faire que lentement, discrètement, mais qui reste anecdotique. Pourtant, au plus profond, le Chemin est bien là au fond de soi et il y reste. À l'image de mon sac à dos, j'essaie « d'alléger » ma vie de certaines choses « inindispensables », de contraintes futiles, de projets irréalisables, d'espoirs vains. J'ai cessé par exemple d'espérer vivre plus de cent ans comme mon père : tant que je vieillis bien, c'est déjà ça ; tant que je profite bien, non pas de tout, mais suffisamment, des instants présents sans chercher à les densifier absolument, je n'en demande pas plus.

Comme quoi, insensiblement, je suis resté sensible au Chemin, son effet est bien là, latent et souterrain. Il en reste une vague influence, même si je croyais avoir tout oublié. En tout cas, j'ai bien retenu qu'il est bon de vivre sans plafond.

### *En fait, le Chemin n'a pas de fin*

Et puis un jour…

Je vais vous faire ici une petite confidence sur ce qui s'est passé trois semaines après mon retour à la vie normale.

Me voici à la fin mai lorsqu'au cours de stretching où je me rends chaque jeudi en tant que simple participant, on me demande des nouvelles de mon périple (c'est souvent ce mot que les non-initiés utilisent) ; pendant mon absence, le groupe en avait eu vent par Pierrette, l'animatrice, qui qui plus est est ma belle-sœur. Je n'en avais moi-même pas parlé, mais par son canal, cela s'est donc su. Le cours terminé, Marie-Christine, une autre participante et par ailleurs ancienne collègue de Lycée, vient à ma rencontre, me demandant quelques nouvelles de mon parcours, et me tend un livre qu'elle vient de finir de lire : c'est un récit au jour le jour, plus exactement tronçon par tronçon, d'un Chemineau sur le Camino Francés, c'est-à-dire sur la partie espagnole du Chemin pour faire simple.

-Bien volontiers, et merci beaucoup pour cette gentille attention.

-Il n'y a pas de quoi !

Je dois dire ici que depuis mon retour, je n'ai lu aucun livre sur le sujet ni même sur la partie française ; à peine ai-je vu un petit reportage sur le Chemin en France à la télévision. D'autre part, durant ces trois semaines, je n'ai rien écrit sur aucun sujet, que ce soit un poème, un petit texte en prose, un pastiche : RIEN, le calme plat, la mer au repos, le train à l'arrêt. Même pas quelques haïkus, comme s'ils étaient réservés au Chemin dans l'instant ; et finalement c'est logique puisque c'est la définition même du haïku : l'instant T à la seconde S. Dès la fin du Chemin, dès l'Arrivée au bout de mon chemin, mon robinet s'est refermé, Tout semblait donc terminé de l'aventure si profonde, si intense, si interne : j'étais revenu tout naturellement à ma vie antérieure ; et le Chemin n'était dans ma tête, superficiellement, que pour confectionner un album de photos illustrées de mes haïkus (et inversement).

Dès le lendemain, je commence la lecture goulûment et avec appétit puisque je ne connais la partie espagnole que pour en avoir plusieurs fois entendu parlé autour de moi, de plus avec quelques remarques négatives à son sujet. Cela m'intéresse, en plus du reste, de savoir si ces critiques sont justifiées ou non, et je me dis que le fait de lire ce livre pourrait me donner l'envie d'y aller, ce qui n'est pas le cas pour le moment. Au bout de cinq jours, j'en suis arrivé presque à la fin et il ne me reste plus qu'une vingtaine de pages à lire, soit deux petits chapitres. C'est alors que je prends d'un coup ma petite table de camping, je l'ouvre, l'installe à l'ombre au pied d'un grand pommier, prend un stylo, une planchette et quelques feuilles blanches, des lunettes, et je m'installe au plus près du tronc d'un pommier. J'ai l'impression que cette décision de sortir de quoi écrire ne vient pas de moi-même et a été prise à l'insu de mon plein gré. Je sais que je n'ai pas pris la décision d'aller écrire quoi que ce soit ; qui m'a poussé à le faire ? Le livre bien sûr, et par derrière, subrepticement, l'empreinte du Chemin. Quelques feuilles du pommier me caressant le bras gauche et le haut du dos, les pieds nus sur le sol recouvert d'un paillage léger, je commence à écrire ; je n'ai aucunement l'intention d'écrire un texte pour le lire à mes amis, encore moins d'écrire un livre ! Je le fais simplement pour moi comme je l'ai toujours fait pour mes poèmes, que d'ailleurs je n'ai jamais voulu éditer. Je veux juste, après les avoir mis sur un album photos, mettre en mots mes souvenirs encore récents en même temps que lointains, présents et déjà en instance d'évaporation. C'est une conclusion que je tire à postériori car je commence à écrire sans intention particulière aucune.

D'instinct.

Je me lance donc dans l'écriture sans savoir où et quand ça finira, sans but précis, pensant plutôt que je n'écrirai que quelques pages. Je commence immédiatement, de façon spontanée, par quelques mots, quelques phrases, ça va très vite, mon stylo ne s'arrête quasiment pas ; les vannes sont apparemment grandes ouvertes et les mots défilent et déferlent sur le papier qui se noircit rapidement, avec très peu de ratures ou de corrections ; je suis moi-même surpris d'une telle abondance, je pensais surtout avoir du mal à commencer mais non ; je pensais avoir du mal à continuer, mais pas du tout. Un TGV était lancé.

J'écris ainsi durant trois bonnes heures sans jamais m'arrêter, mais Danièle m'appelle pour aller faire les courses. Que ce serait-il passé si j'avais pu rester là, au plat de ma table, à écrire ici, au près de mon arbre où je suis heureux ? Mon cher stylo aurait-il continué à être si prolifique ? Quand me serais-je arrêté ? Me serais-je même arrêté ?

Les jours suivants sont du même acabit, avec moins de densité, sans doute parce qu'il y a pas mal de travail à faire dans le jardin, car je me dois de ne pas oublier d'assumer les tâches du quotidien. Mais dès que j'ai un moment de libre, ne serait-ce qu'une petite heure, je me mets à table : je dis tout sans hésiter, en toute franchise, je dis ma vérité sur le papier. Fait scientifique ou pas, dès que je m'assois, le robinet s'ouvre automatiquement et le stylo coule son encre sur le papier toujours aussi naturellement.

Au bout d'une semaine seulement, vu le nombre de pages déjà écrites, l'idée d'en faire un livre me vient. Je me mets alors à penser qu'il faut rationnaliser le récit, le structurer et le chapitrer en particulier.

Cette partie me prend un peu de temps car je sais que le côté spontané ne suffit pas.

Pendant cette période, je ne pense même pas à finir de lire le « livre-source » que Marie-Christine m'a prêté et qui pourtant est bien l'exorde évident de mon inspiration. Pourtant, le fait d'avoir l'ambition et la prétention d'écrire un livre, de l'éditer et de le publier, aurait dû logiquement m'y inciter. Pourtant cette intention de le structurer et de le chapitrer aurait dû rationnellement m'y amener. Pourtant, tant que mon stylo parcourt les pages, je le laisse faire, je profite que l'inspiration m'entraîne pour me laisser entraîner par lui ; la mise en forme, me dis-je, viendra en son temps. Je pense alors que l'écriture est si spontanée qu'elle contient forcément la vérité, que le résultat final reflètera mes états d'âme, mes opinions et mes ressentis le mieux du monde. Mais tant que je suis dans l'écriture je ne pense plus à finir le livre de Marie-Christine. En même temps, la narration de l'auteur est de facture relativement simple puisque chronologique, et les premières pages que j'ai écrites ne sont pas sur ce mode, les suivantes non plus. Sauf qu'au bout d'un moment, je commence à sentir que je me disperse, que je redonde un peu, bref qu'il est temps de structurer.

Je prends donc un temps de réflexion, je m'arrête d'écrire, et très vite, je me dis que beaucoup de récits des Chemins de Compostelle se font sur ce mode de la chronologie et comme je ne suis pas du tout sur ce tempo, je décide très vite de sectionner mon livre en chapitres ayant chacun un thème.

C'est ainsi que je trouve une vingtaine de thèmes possibles et que je finis par condenser en treize chapitres, en en regroupant quelques-uns qui s'enchaînent bien ou qui se superposent.

Jamais je n'aurais cru en arriver là : alors que j'écris des poèmes depuis près de soixante ans, alors que je n'ai jamais été inspiré par mes différentes expériences de vie, alors que je n'ai jamais eu l'intention de publier quoi que ce soit, voilà que tout s'est subitement inversé. J'aurais pu discourir à propos du Tour du Mont Blanc que j'ai effectué en 1973, l'année de mon mariage ; j'aurais pu poétiser sur le trekking de trois semaines au Costa Rica que j'ai fait avec des copains en 2005, mais ce ne fut pas le cas.

Alors pourquoi ici ? Que s'est-il passé en moi ? Pourquoi le Chemin a autant de pouvoir et d'emprise ? Sa puissance ne serait-elle pas une toute-puissance ? Est-il spirituel au point d'en avoir une essence si hautement philosophique ? Une essence si religieuse qu'il aurait un effet caché sur moi ? Il ne m'a certes pas converti à la religion, mais peut-être à une certaine religiosité, si on veut bien prendre ce mot dans le sens d'une profonde spiritualité ésotérique.

Je croyais flous mes souvenirs du périple, juste sauvegardés par mon album photos/haïkus, et en voie de dissolution par le chaos de la vie ; au contraire, en écrivant ces pages, je me rendais compte que je me souvenais de chaque détail de façon très précise : les lieux, les dates, les heures des anecdotes et des rencontres ; les gens rencontrés et leur âge, leur physique, leurs attitudes, leurs caractères, leurs mots, et par-dessus tout, les émotions qu'ils m'ont apportées ; les collines et les côteaux, les causses et les puechs, les vallons et les vallées, les bourgs et les hameaux, les étangs et les rivières, les hauts plateaux et les pâturages, les maisons typiques et les églises. Les kilométrages, les heures de départ et d'arrivée, les gîtes et leurs hébergeurs, les repas fabuleux que j'ai pu souvent y faire, les endroits où j'ai piqueniqué, où j'ai discuté, où j'ai photographié. Tout était précis dans ma tête et je vous ai relaté tout cela sans recherche « googueulisée », et presque sans vérification.

J'ai pu ainsi revivre l'essence et l'essentiel de chacune de mes étapes, et ce, dans un désordre chronologique, avec une intensité différente mais bien réelle. J'ai ressenti à nouveau les émotions que m'ont procuré les paysages et leur côté sauvage, les gens et leur côté naturel. J'ai même pleuré deux fois tout en écrivant ; une première fois en refaisant dire à Jacques qu'il allait faire une prière pour moi, une deuxième fois en retraçant mon Cheminement philosophique avec Pauline.

En écrivant ce livre où je me livre entièrement, je me suis tellement imprégné de ce que j'ai vécu qu'il m'a fallu presque autant de temps pour écrire le dernier chapitre que pour le reste du livre. Et je sais très bien pourquoi : ainsi que sur le Chemin on voit s'approcher la Grande Arrivée, celle du dernier jour de la Marche, je ressentais la même nostalgie de la fin, celle des dernières pages, et je sentais que le plaisir de retracer toutes ces anecdotes, toutes ces rencontres, toutes ces émotions, allait prendre bientôt fin, me laissant sur ma faim. En laissant en stand-by mon ouvrage plusieurs fois plusieurs jours, je prolongeais ces instants où j'étais encore plongé tout entier avec effervescence, où je bouillonnais. L'écriture de ce livre était devenue réellement une aventure-bis presque aussi palpitante que ce dont elle parle.

Je ne sais toujours pas dire ce que le Chemin représente exactement pour moi, mais ce que je sais maintenant, c'est qu'il est non seulement vivant, mais qu'il est vivant quelque part en moi en sourdine et qu'un simple déclic inattendu peut réveiller.

Lorsque j'ai rendu le livre à Marie-Christine trois mois plus tard, j'ai eu un sentiment bizarre : je me suis senti tout drôle. Je l'aurais bien gardé mais il fallait bien que je le lui rende ! En le gardant, j'aurais aussi gardé concrètement le souvenir de cette nouvelle expérience, celle d'écrire au long cours, moi qui ne m'en croyais pas capable, moi qui n'écris que les textes courts que sont les pastiches, les petits sketches pour les réunions entre copains, et bien sûr les poèmes, moi qui écrivais mon tout premier poème au beau milieu de ma lointaine adolescence à l'issue de mon plein gré, moi qui n'ai jamais réussi à écrire de longs textes malgré plusieurs tentatives. Faute de patience ou de motivation ?

D'autres questionnements me viennent ensuite dans un deuxième temps : les voici.

### *1/ sur ma préparation physique*

Mais pourquoi donc n'ai-je eu aucun problème de fatigue ? Ma préparation n'avait pas été optimale à mon goût en raison d'une météo difficile. Aurait-elle été néanmoins suffisante ? Ou peut-être bien que mes deux premières étapes, courtes, ont tout simplement parachevé ma condition physique ? Ou ne serait-ce pas le fait de Marcher vraiment lentement ? Mais j'ai une quatrième hypothèse : la motivation et l'appétit du Chemin (qui vient en Marchant), le changement de décor et l'attrait de la nouveauté, le climat plus propice, le lâcher-prise loin du fracas, la nouveauté même temporaire d'un autre mode de vie. Ou ne serait-ce pas tout simplement l'effet explosif d'un cocktail de tout cela ? Mais en ce cas, quel en serait-l'ingrédient principal, s'il y en a un ? Pour le savoir, il faudrait que je me fasse volontairement une préparation tronquée lorsqu'un jour je rePartirai. En tout cas, ce que je sais, c'est que l'action engendre l'action, comme dans un effet d'entraînement ; et plus on fait, plus on peut faire, le tout dans une certaine limite, je vous l'accorde.

C'est pourquoi un jour je rePartirai.

### *2/ Sur mon endurance*

En 2019, lors de ma première expérience avec Jean et Louis, nous n'avions Marché que durant huit jours, avec une moyenne de quinze kilomètres par jour ; j'estimais à l'époque que c'était raisonnable et que c'était bien de n'avoir pas visé plus haut.

Sans vraiment l'appréhender, je voyais cela comme un mur, une sorte de limite. À tord car finalement, non seulement je ne me suis pas trouvé fatigué, mais en plus la journée ne m'avait pas semblé ni longue, ni ennuyeuse, ni fatigante. Bien au contraire car en approchant de l'arrivée, je me trouvais en manque de kilomètres et de temps de Marche, le tout recouvert d'un sentiment de cette nostalgie de la fin que crée la faim du Chemin. Je me faisais un monde de parcourir vingt kilomètres après une semaine de Marche, et au final, je me rendais compte que physiquement je tenais parfaitement le coup, et que moralement, j'étais dans une tranquille euphorie apaisante. Je n'étais qu'au début d'une nouvelle découverte à propos de moi-même.

En conséquence, en 2023, lorsque j'étais Parti seul, je m'étais mis la barre beaucoup plus haute : plus d'étapes, plus de kilomètres, une dernière étape-test de quarante-trois kilomètres, mais toujours en Marchant assez lentement. Je me disais que c'est elle qui me ferait non seulement plaisir, mais aussi qu'elle me faciliterait grandement ma Marche et ma récupération. Et c'est ce qui s'est passé. Ce n'est pas que je veuille me mettre en avant et je ne me vois plus grand que je ne suis, mais je me demande quelle est alors ma limite sur le plan physique et au-delà, celle de chaque individu. Je me demande aussi quel pourrait être mon moral en cas de gêne, de blessure, de fatigue.

Rien que pour cela, un jour, je rePartirai.

*3/ sur mon sommeil*

Dans les gîtes, je suis souvent réveillé très tôt et le premier quand il s'agit d'un dortoir, alors qu'à la maison, je dors jusqu'à sept ou huit heures ; et encore ! il me faut trois à cinq minutes pendant lesquelles je me sens fatigué, ou plutôt engourdi : il faut que je m'étire, je frotte mes yeux. Alors que là-bas, je me lève sur-le-champ sans me forcer en quoi que ce soit. Sur le Chemin, non seulement je dors mal, mais vu que je me réveille tôt, je dors moins longtemps ; or j'ai toujours remarqué que, dans ma vie normale, je ressentais un coup de moins bien lorsque je ne dormais pas mon compte pendant quelques jours d'affilée. Quel est donc ce mystère ? Je pense alors que le fait de Marcher longtemps et chaque jour finit par délier le corps, et j'ai du mal à croire que seule la motivation, même maximale, me permette cela : « le physique puis le mental ».

Pourtant, à la maison, je me bouge encore pas mal, ne serait-ce qu'avec les travaux d'entretien de notre terrain, grand et très arboré, avec deux cent-cinquante mètres de haies à tailler, beaucoup d'arbres, de fruitiers, de massifs de fleurs, un potager, sans compter l'entretien de la maison et le bricolage que celle-ci nécessite. J'ai encore quelques activités sportives douces et je pratique bien sûr encore la marche à pied. Je ne regarde quasiment pas la télé et ne suis pas non plus sur les écrans. Malgré tout, il y a des jours où, après n'avoir fait pas grand-chose dans ma journée (cela m'arrive), je me surprends à m'endormir et à faire une sieste surprise après le déjeuner, voire de me sentir las quand la soirée approche, alors que sur le Chemin, je n'ai jamais ressenti cela. Pourquoi ? Cette argumentation allant au contraire dans le sens de : « le mental puis le physique », je reste dans l'expectative.

Je suis sûr qu'il en sera de même quand je rePartirai.

### 4/ Sur mon mode d'itinérance

Ce sont les mêmes questionnements qui me traversent, sans qu'ils me taraudent l'esprit ! J'admire ces pèlerins itinérants qui portent dans leur sac à dos immense leur couchage, leur tente voire leur réchaud et la nourriture qui va avec ; qui ne savent pas où ils vont coucher le soir et cherchent le bon endroit, sachant que de plus il n'y en a pas beaucoup ; qui doivent l'installer après les kilomètres parcourus parfois dans de mauvaises conditions climatiques, et la démonter le lendemain matin dans la fraîcheur ou dans l'humidité parfois. Je dois avouer, et ce n'est pas pour me diminuer, que je ne m'en sens pas le courage : trop aléatoire pour moi, sac à dos trop lourd pour moi, trop de contraintes pour moi, pas assez de confort pour moi. Je préfère m'alléger, aller lentement et faire plus de kilomètres qu'eux pour être plus longtemps sur le Chemin : c'est sans doute aussi la deuxième raison pour laquelle j'opte pour ma façon de faire. M'alléger le sac m'allège le cerveau.

Je ne sais pas non plus comment je réagirais si je décidais de Marcher plus vite, de faire plus de kilomètres par jour, de Partir deux ou trois mois.

Je suis avide de le savoir, mais je ne le saurai jamais car ces possibilités ne sont pas dans mes intentions. La question reste donc (encore une fois) en suspens.

Mais je vous l'assure, je rePartirai.

### 5/ *Sur mon appétence à la Marche*

Lorsque je suis rentré chez moi lors de ma première expérience en 2019 avec Jean et Louis, je pensais, j'étais persuadé devenir accro à la marche à pied ; je pensais être en manque dès le lendemain de mon retour à la maison ; je pensais ne plus tenir en place ; je pensais que j'allais vouloir aller marcher quasiment tous les jours. Je pensais devenir rando-dépendant. Je pensais ressentir un manque, un vide, une grande absence, mais ce ne fut pas le cas ; sans doute le retour à la vraie vie m'avait accaparé à nouveau. Cette quotidienneté serait-elle donc aussi forte que le Chemin ? Bien sûr que oui, et j'aurais dû m'en douter, mais la satisfaction d'y avoir Marché est telle qu'elle se suffit à elle-même et n'a donc pas de suite immédiate. Cela me sidère moi-même et je considère que je suis un ex jacquet, sans doute un futur jacquet, et finalement un jacquet plutôt qu'un randonneur. Marcher ailleurs que sur le Chemin me laisse, plus qu'un simple manque, une mauvaise nostalgie ; comme quoi il est bien là quelque part dans un coin de ma tête. Partir en rando d'un point A pour revenir au même point ne m'intéresse plus beaucoup : j'y ai le sentiment de tourner en rond ; il me faut avoir besoin d'un objectif fort, concret, puissant…

Et plus lointain ; surtout d'aller d'un point A à un point B comme un Compostelle de substitution. Mais cela me contraindrait trop, je ne trouve pas le temps, pris par mes diverses occupations. Je pourrais pourtant partir de chez moi pour deux ou trois jours et demander à un ami de venir me chercher au point d'arrivée, mais même cela ne me motive pas trop. Il y a aussi le fait que je dois rester à la maison pour être aux côtés de ma femme. La rando ne me tente donc pas plus que ça, bien que, poussé par des amis, je m'y adonne parfois, et avec grand plaisir, mais c'est un plaisir bien différent, que je qualifierais de moindre et qui ne me satisfait pas entièrement : je deviens exigeant !

En quelques semaines, je suis passé de l'état de randonneur patenté à celui de jacquet potentiel et comme exclusif, voire obsédé.

Car, c'est sûr, un jour je rePartirai.

Seul ou avec un pote, je n'en sais encore rien.

## Mille Mercis

Je te remercie tout d'abord, toi le Chemin : je t'adore. Je retournerai te voir, restes comme tu es.

Et je dis ici toute mon affection à toutes ces belles personnes rencontrées ici ou là au hasard de la bonne fortune. Elles ont pointillé mon parcours de petits traits indélébiles, elles ont agrémenté ma belle solitude de moments délicieux ; même si je n'ai pas parlé de vous toutes et tous, vous avez illuminé mon cœur qui n'attendait qu'elles :

Pauline
Sandra et Nathalie
Lise
Suzette
Michel et Robert
Barbara
Marie et Kim
Bernard
Pénélope et Ruth
Estelle
Christelle
Annick et Karine
Tony
Jane
Laurence
Catherine et Fiona
Loïc
Jacques et Claire
Céline

Monique et Michèle
Christelle
Mathilde
Les six filles en folie de Saint-Cirq-Lapopie

Et bien sûr, Louis et Jean

C'était de gentilles personnes, mais surtout de bonnes personnes


Je rePartirai, c'est certain, et d'autres encore m'enchanteront. Oui.

Mais vous, vous oublierai-je tous un jour ? Non.

Quant à moi, que ferais-je si je ne pouvais pas rePartir ?


Et qui serais-je ?

# SOMMAIRE

© 2024 Bernard Debève
Édition : BoD · Books on Demand,
31 avenue Saint-Rémy, 57600 Forbach,
bod@bod.fr
Impression : Libri Plureos GmbH,
Friedensallee 273, 22763 Hamburg
(Allemagne)
ISBN : 978-2-3225-6039-4
Dépôt légal : Janvier 2025